nach Hagen
Mengerskirchen
Lahn
nach Alsfeld
Braunfels
Weilburg
Naturpark
Butzbach
Weil
Weiltalweg
57
58
Laubuseschbach
A 5
Gemünden
20 21
Goldener Grund
Usingen
19
Hochtaunus
Ems
Bad Camberg
23
Landsteiner Mühle
22
Anspach
18
Saalburg
15 16
24
Reichenbach
Schmitten
17
Hühnerkirche
25
Bad Homburg
14
Oberems
11
10
Idstein
Fuchstanz
13
9
Oberstedten
Oberursel
8
12
Kronberg
A 3
7
Altenhain
Eppstein
5
6
Kelkheim
36
Eiserne Hand
FRANKFURT am Main
Hofheim
4
1
WIESBADEN
37 38 39 40
41
Main
Schierstein
Hochheim
2 3
MAINZ
A 5
A 66
Rüsselsheim
A 63
Rhein
nach Darmstadt

Symbolerklärung

- eindrucksvolle Landschaft
- mittlere Steigungen
- stärkere Steigungen
- etwa zur Hälfte Wald
- über die Hälfte Wald
- Weinberge
- prägnanter Fluss/Bach
- romantischer Wasserfall
- schöner See/Teich
- markante Felsen
- Höhle/Grotte
- teilweise schöne Aussicht
- großartige Rundblicke
- lohnender Aussichtspunkt
- Burgen und Schlösser
- sehenswerte Sakralbauten
- historische Profanbauten
- Ortsportraits, Sehenswürdigkeiten und allgemeine Informationen
- Rundwege, weitere Wandertipps, Stadtrundgänge
- Gasthöfe, Restaurants, Hotels und Pensionen
- Startpunkt der Tour in den Wanderkarten

Abkürzungen

AP	Aussichtspunkt
AT	Aussichtsturm
i	Tourist-Info
ND	Naturdenkmal
NSG	Naturschutzgebiet
ÖZ	Öffnungszeiten
P	Parkplatz
(P)	Parkhaus
(P)	Tiefgarage
(!)	Wegführung beachten

Wanderkarten

Hessisches Landesamt für Bodenmanagement und Geoinformation, Topographische Karten 1:50000: Taunus - östlicher Teil; Taunus - mittlerer Teil. - Aartal; Hessisches Landesamt für Bodenmanagement und Geoinformation und Landesamt für Vermessung und Geobasisinformation Rheinland-Pfalz, Topographische Freizeitkarte 1:50000: Lahn, Naturpark Nassau. Topographische Freizeitkarte 1:25000: Oberes Mittelrheintal.

Wandern und Einkehren Taunus Rheingau - Rheintal - Lahntal

Für den Naturforscher Alexander von Humboldt war der **Taunus** »das schönste Mittelgebirge der Welt« und Dichterfürst Johann Wolfgang von Goethe unternahm Wanderungen in das Gebirge, »das von Kindheit auf so fern und ernsthaft vor mir gestanden hatte«. Auch heute erfreut sich das »Land der Berge, Burgen und Bäder« bei Wanderern großer Beliebtheit. Nahezu die gesamte Fläche gehört zum Naturpark Hochtaunus, der sich zwischen Rhein, Main und Lahn erstreckt. Phantastische Blicke über die weite Mittelgebirgslandschaft genießt man nicht nur vom Großen Feldberg, der höchsten Taunus-Erhebung. Auf den Spuren der Römer erlebt man Kastelle und wandert entlang des Limes. Und nach einem erlebnisreichen Tag kann man in traditionsreichen Kurorten wie Bad Soden oder Bad Homburg vor der Höhe Kraft für neue Entdeckungstouren tanken.

Der **Rheingau** zählt zu den wichtigsten Weinanbaugebieten Deutschlands und so führen zahlreiche Wanderwege durch die Weinberge am Rhein. Hoch über dem **Rheintal** thronende Burgen, Schlösser und Ruinen sowie alte Klöster versprühen mittelalterliche Romantik. Natürlich sollte man sich auch die stimmungsvollen Weinfeste in den Winzerorten nicht entgehen lassen!

Das **Lahntal** ist zweifellos eines der romantischsten Flusstäler Deutschlands - auf Wander-, Rad- und Kanutouren genießt man Natur pur. Ehrwürdige Schlösser und Burgen, imposante Kirchen und Klöster sowie malerische Fachwerkstädte erzählen aus der reichen Geschichte des Lahntals.

Dieser Wander- und Gastronomieführer macht das Wandern und Einkehren im Taunus, Rheingau und Lahntal zum Erlebnis und präsentiert die attraktivsten Wanderwege, interessante Stadtrundgänge und eine Auswahl der besten Hotels, Restaurants, Gasthöfe und Pensionen.

Ein Buch für Genießer

TOUREN-ÜBERSICHT
Touren-Nummern
Info-Texte
nach Bonn
Westerburg
Hadamar
Montabaur
A 3
56
Schadeck
Limburg
Koblenz
Lahn
Diez
Bad Ems
Lahntal
Nassau
55
Lahnstein
Becheln
54
53
Braubach
Schönborn
27
26
Burgschwalbach
Katzenelnbogen
28
E i n r i c h
29
Rettert
Kamp-Bornhofen
52
Boppard
30
Holzhausen
31
Burg Hohenstein
St. Goar
St. Goarshausen
Rheinsteig
Rheinhöhenweg
Rhein Burgen Weg
Bad Schwalbach
32 33
Espenschied
Langenseifen
50
34
Rhein
51
Kaub
Kammerburg
49
Wisper
35
Schlangenbad
Wispertal
Lorch
Rheingaugebirge
45
Stephanshausen
Kloster Eberbach
42 43
Eltville
44
Oestrich-Winkel
N
A 61
46 47 48
Rüdesheim
A 60
0
10 km

Taunus
Rheingau - Lahntal

Wandern und Einkehren

Herrliche Wandertouren

Ausgewählte Gasthöfe, Restaurants, Hotels und Pensionen

Anfahrtsstrecken

Parkmöglichkeiten

nach den Wanderungen
von Vagabundus
Wanderer zwischen Weg und Wirtschaft

herausgegeben von
Georg Blitz und Emmerich Müller

Ein Wanderführer im Drei Brunnen Verlag

Einbandgestaltung: Verlag / Jürgen Reichert

Titelfoto: Schlosspark mit Blick auf das Landgrafenschloss Bad Homburg v. d. Höhe (Jochen Reichwein)

Redaktion: Heidi Fischer, Jana Güttler

Herstellung: Sandra Lengwenus

Karten und Skizzen: cartomedia, Karlsruhe
Gerhard Preuß layout & grafik, Wachenheim (Plan Römerkastell Saalburg)

Wanderungen:

Hans Beez	Roland Haubold
Elfi Belz	Werner Junghanns
Anja Biallas	Alfred Keller
Volker Biallas	Adrian Mangold
Hans-Jürgen Christ	Annette Mrugalla
Helga Fredershausen	Stefan Mrugalla

Bibliografische Informationen Der Deutschen Bibliothek

Die Deutsche Bibliothek verzeichnet diese Publikation in der Deutschen Nationalbibliografie; detallierte bibliografische Daten sind im Internet über http://dnb.ddb.de abrufbar.

ISBN 978-3-7956-0245-1
4. Auflage 2009

Inhalt

Touren

Panorama des Großen Feldbergs

Lieber Wanderfreund,
bitte beachten Sie die folgenden Vorbemerkungen zum Gebrauch dieses Wander- und Gastronomieführers:

- **Weg und Zeit** - Bei diesen Angaben ist die Kilometerangabe entscheidend. Die Zeitangabe bedeutet reine Gehzeit bei einer durchschnittlichen Wegstrecke von 4 km pro Stunde auf der Ebene oder bei leichten bis mittleren Steigungen. Bei stärkeren Steigungen verringert sich diese Durchschnittsleistung etwas. Bitte beachten Sie deshalb das entsprechende Symbol! Die Höhendifferenz wird ab 150 m angegeben.
- **Wegmarkierungen** - Die Wegmarkierungen werden durch den Taunusklub e. V. und den Zweckverband »Naturpark Hochtaunus« vorbildlich betreut. Weitere Markierungen werden von örtlichen Vereinen und Institutionen unterhalten und gepflegt.
- **Wegeskizzen** - Sie sollen Ihnen eine Übersicht vermitteln. Beachten Sie bitte zur Ausrichtung der Skizze den Nordpfeil!
- **Rundwanderwege** - Durch die Rundwege bzw. die Verbindungswege zwischen den Gasthöfen ergeben sich völlig neue, schöne und originelle Routenkombinationen. Selbstverständlich kann eine Wanderung bei jedem Gasthof eines Weges aufgenommen und beendet werden.
- **Geschichte - Kunst - Kultur** - Vagabundus, Historiker und Kunsthistoriker, stellt jeweils in knapper Form das geschichtliche, kunstgeschichtliche und kulturelle Umfeld eines Weggebietes vor, um dadurch das Erlebnis einer Wanderung wesentlich zu vertiefen.
- **Parken** - Wer einen Gästeparkplatz benutzt, sollte in diesem Gasthaus auch einkehren, ansonsten sind meist öffentliche Parkplätze angegeben.
- **Öffentliche Verkehrsmittel** - Für die Ausgangspunkte der Wanderungen sind, wenn möglich, Bushaltestellen und Bahnhöfe angegeben. Nähere Informationen sind erhältlich bei der Deutschen Bahn (Tel. 01805/996633, kostenlose Fahrplanauskunft Tel. 0800/1507090, www.bahn.de) und bei den regionalen Verkehrsverbünden: RMV Rhein-Main-Verkehrsverbund GmbH (RMV-Hotline 01805/7684636, E-Mail: rmv-info@mobilberatung.rmv.de), RTV Rhein-Taunus-Verkehrsgesellschaft mbH (RTV-Hotline 01803/101114, E-Mail: informiert@mitRTV.de), ORN Omnibusverkehr Rhein-Nahe GmbH (Tel. 01805/558877 oder 06131/6393-0, E-Mail: info@orn-online.de) und der VHT Verkehrsverband Hochtaunus (Tel. 06172/999-4410 oder 999-4412, E-Mail: info@verkehrsverband-hochtaunus.de). Über Schiffsverbindungen auf dem Rhein informiert die Köln-Düsseldorfer Rheinschifffahrt AG, Tel. 0221/2088-318, E-Mail: info@k-d.com.de.
- **Hotels - Gasthöfe - Restaurants - Pensionen** - Durch die sorgsame Auswahl engagierter und profilierter Gastronomen ist es gelungen, für Wanderer und Wandergruppen, Spaziergänger, Ausflügler oder auch »reine Einkehrer« hervorragend geeignete Betriebe aufzunehmen. Selbstverständlich kann es durch Besitzer- oder Pächterwechsel nach Drucklegung immer wieder einmal zu Veränderungen von Angebot, Qualität, Preis, Öffnungszeiten und Ruhetag kommen.

Vorwort zur 4. Auflage - Alle 58 Wanderungen und Stadtrundgänge dieser Neuauflage wurden neu konzipiert und erwandert, um sie den aktuellen Gegebenheiten anzupassen. Natürlich wurden auch neue Wanderrouten aufgenommen, um eine noch größere Vielfalt anbieten zu können. Ergänzt werden die Wanderungen und Stadtrundgänge durch die ausführliche Vorstellung beliebter Ferienregionen und attraktiver Sehenswürdigkeiten. Außerdem wurde das Gebiet auch gaumenmäßig überprüft, wobei es gelungen ist, die wunderschönen Wanderungen mit ebenso verlockenden Einkehrmöglichkeiten zu kombinieren - von der gemütlichen Äppelwoistube bis zu zünftigen Landgasthöfen oder renommierten gastronomischen Hochburgen.

Wir wünschen auch den Benutzern der Neuauflage
ein genussreiches Wandern und Einkehren!
Die Herausgeber

»Das heißt leben,
die Seele laben in Wald und Flur,
den Körper wandernd stärken,
dem Herzen Gutes tun in freier Luft.
Das Hochgefühl vertiefen,
voll frohen Sinns und Heiterkeit
bei guter Speis und edlem Trank
im Schoß eines gastlichen Hauses.
So zu leben,
heißt lang zu leben.«
Vagabundus

● **Angrenzende Wandergebiete** - Sie werden in den folgenden Bänden der Reihe **Wandern und Einkehren** behandelt: Bd. 31 Moselland - Weinlandschaft Mosel-Saar-Ruwer. - Bd. 37 Westerwald - Siebengebirge. - Bd. 43 Hunsrück - Naheland - Saarland.

INFO

Der Taunus - Land der Berge, Burgen und Bäder

Geschichte - Der Taunus blickt auf eine 300 Millionen Jahre lange Geschichte zurück. Kelten, Römer und Alemannen besiedelten die Region und hinterließen interessante Spuren - keltische Wallanlagen und Siedlungsreste, einer der besterhaltenen Abschnitte des römischen Limes sowie alemannische Gräberfelder und Befestigungsanlagen lassen das Herz eines jeden Hobby-Archäologen höher schlagen. Im Mittelalter wachten mehr als 100 Burgen über den Taunus. Meist sind von ihnen nur Ruinen erhalten, von denen sich jedoch herrliche Ausblicke über die Landschaft eröffnen. Im 16. Jh., in der Zeit von Reformation und Renaissance, entstanden vor allem sehenswerte Kirchenbauten. Im Barock (17./18. Jh.) ließen die Fürsten repräsentative Schlösser erbauen, beeindruckende Kirchen und auch erste Kur- und Badehäuser wurden errichtet - wo einst Kaiser, Könige und Künstler lustwandelten, kann man heute noch das mediterrane Flair in den Kurorten genießen. Das 19. Jh. war geprägt durch den industriellen Aufschwung. Im Stil des Biedermeier, der Gründerzeit und des Jugendstils ließen wohlhabende Familien elegante Wohngebäude erstellen. Außerdem blieben frühe Industrieanlagen und historische Mühlen erhalten. Viele dieser Kleinode laden heute als Hotels und Landgasthöfe zu einem Aufenthalt ein.

Touristische Routen - Eine bequeme Möglichkeit, die historischen Sehenswürdigkeiten zu erkunden, sind Touren auf den touristischen Routen, die den Taunus durchziehen. Die Keltenstraße führt zu archäologischen Denkmälern wie dem keltischen Heidetränk-Oppidum bei Oberursel, den Ringwällen auf dem Altkönig bei Kronberg, den Kapellenberg bei Hofheim und einem frühkeltischen Bronzespiegel im Heimatmuseum Hochheim. Die Deutsche Limes-Straße folgt dem Verlauf des als UNESCO-Weltkulturerbe ausgewiesenen römischen Grenzwalls. Highlights im Taunus sind die höchstgelegene Kastellruine Deutschlands zwischen Großem und Kleinem Feldberg, das Römerkastell Saalburg mit Museum und Limesrekonstruktion und die Reste des Kastells Kapersburg bei Wehrheim. Architektonische Kleinode erreicht man auf der Deutschen Fachwerkstraße, die ebenfalls den Taunus durchquert und dabei u. a. Bad Camberg, Idstein, Eltville und Hochheim am Main streift. Wer lieber zu Fuß oder mit dem Fahrrad unterwegs ist, dem sei die Apfelwein- und Obstwiesenroute zwischen Frankfurt am Main und Vorder- und Hochtaunus empfohlen. Der 80 km lange Rad- und Wanderweg führt zu 60 »Apfel-Stationen« (z. B. Bauernhöfe, Gaststätten, Keltereien, Lehrpfade) mit Angeboten rund um das Taunusobst. Zu einer Reise in die Vergangenheit kann man auf den »Zeitpfaden« aufbrechen, die auf acht verschiedenen Touren zu Burgen und Schlössern im Hochtaunus führen und am Wegesrand mit so manchem Kleinod überraschen. Einen umfassenden Eindruck vom Taunus gewinnt man bei einer Tour auf der Hochtaunusstraße. Die 55 km lange Ferienstraße bringt den Besucher von Bad Homburg mit seiner anmutigen Bäderarchitektur über Oberursel (historische Altstadt, Vortaunusmuseum), Schmitten (Burgruinen Reifenberg und Hattstein, St. Gertrudis-Kapelle, Bassenheimer Palais) und Weilrod, eine idyllische gelegene Großgemeinde mit 13 Ortsteilen und Sehenswürdigkeiten wie der Burg Altweilnau und dem Schloss Neuweilnau, in die Fachwerkstadt Bad Camberg. Touristik-Routen zweigen von der Hochtaunusstraße ab und laden zu Entdeckungstouren ein, beispielsweise zum Feldberg oder in das malerische Weiltal. Überall kann man sich in Landgasthöfen und Spezialitätenrestaurants kulinarisch verwöhnen lassen.

✪ Ausflugsziele für die ganze Familie - Neben den bereits genannten und den in diesem Führer ausführlich beschriebenen Sehenswürdigkeiten lohnen noch viele weitere Ziele einen Ausflug. Im Hirschgarten Bad Homburg kann man in einem Wildgehege zahmes Damwild beobachten; außerdem gibt es eine Minigolfanlage und ein Restaurant mit Terrassencafé. Der Opel-Zoo Kronberg im Taunus beherbergt auf einer Fläche von 27 0000 m² mehr als 1000 Tiere in über 200 teils vom Aussterben bedrohten Arten aus aller Welt. Ein besonderes Erlebnis sind die Bad Vilbeler Burgfestspiele, die alljährlich von Anfang Juni bis Anfang September in der Wasserburg stattfinden und ein breit gefächertes Programm mit Theateraufführungen (auch speziell für Kinder), Kabarett u. v. m. bieten. Der Familienfreizeitpark Lochmühle liegt idyllisch im Erlenbachtal bei Wehrheim und sorgt mit über 150 Fahr- und Spielgeschäften, einem Wassertretbecken, einer Minigolfanlage, Grillhütten, Floßfahrten, einem Tiergehege mit Streichelzoo, Ponyreiten und einem landwirtschaftlichen Lehrpfad für einen erlebnisreichen Tag. Die Vogelburg Hochtaunus in der Nähe von Weilrod dient als Auffangstation und Ruhesitz für Papageien. In einem liebevoll angelegten Park fanden unzählige Aras, Kakadus und Amazonen ein neues Zuhause und werden hier liebevoll gepflegt und artgerecht gehalten - manche Tiere sind sogar handzahm, lassen sich gerne füttern und überraschen die Besucher mit ihren Redekünsten und akrobatischen Kletterpartien.

Blick in den Taunus

✪ Wandern im Taunus - Mit seiner vielfältigen Landschaft, in der sich stille Wälder, tiefe Täler und sanft geschwungene Hügel abwechseln, ist der Taunus wie gemacht für Streifzüge durch die Natur. Über 800 km markierte Wanderwege durchziehen die Region. Die Touren reichen von (barrierefreien) Spazierwegen in den Kurparks und Naherholungsgebieten über lokale, gut gekennzeichnete Rundwege bis hin zu anspruchsvollen Mehrtagestouren wie dem 47,5 km langen Weiltalweg von Schmitten nach Weilburg, der auch für Radfahrer geeignet ist. Mit ganz unterschiedlichen Themengebieten beschäftigen sich die Lehrpfade im Taunus: Für historisch Interessierte gibt es den Taunuslehrpfad Saalburg - Hessenpark vom Römerkastell Saalburg zum Freilichtmuseum Hessenpark. Um naturbezogene Themen geht es auf verschiedenen Wald-, Obst- und Vogellehrpfaden (u. a. in Bad Vilbel, Eppstein und Glashütten). Der Weinbergs-Wanderweg in Hochheim am Main führt aus der historischen Altstadt hinaus in die Weinberge, mit herrlichen Ausblicken und lehrreichen Infotafeln über die Arbeit der Winzer, die Rebsorten u. v. m. Und der Planetenweg in Hattersheim am Main ermöglicht eine ganz erdverbundene Reise ins Weltall!

Kur und Wellness - Schon die Römer wussten die wohltuende Wirkung des Heilwassers aus dem Taunus zu schätzen, und später kamen gekrönte Häupter zur Erholung in die Kurorte der Region. Bis heute fühlen sich die Heilbäder im Taunus dieser langen Tradition verpflichtet und verbinden sie mit den zeitgemäßen Angeboten ihrer modernen Gesundheits- und Therapiezentren. Neben klassischen Kuren gibt es vielerorts auch Wellnessangebote mit Verwöhnprogrammen für Sie und Ihn. Bad Camberg ist das drittälteste deutsche Kneippheilbad und stolz auf sein bereits 1731 urkundlich erwähntes »Oberselters Heilwasser«. Als einer der schönsten Kur- und Badeorte Deutschlands gilt Bad Homburg, das heute durch seine exklusiven Kur- und Freizeitanlagen besticht: »Kur Royal«, ein Day-Spa im Kaiser-Wilhelms-Bad, das Vital-Center im Kurpark und die Taunus-Therme. Bad Nauheim mit seinen historischen Badehäusern im Jugendstil und modernem Badekomfort in der »Therme am Park« liegt am südöstlichen Rand des Taunus. Bad Soden blickt auf eine über 250-jährige Erfolgsgeschichte seiner 30 Mineralquellen (davon zehn anerkannte Heilquellen) zurück. In der Sodenia-Therme kann man sich in 32 bis 34 Grad warmer Sole entspannen. Bis in die Römerzeit kann man die Nutzung der heilkräftigen Quellen von Bad Vilbel zurückverfolgen. Noch heute werden die Quellen bei Trink- und Badekuren angewandt. Der heilklimatische Kurort Königstein liegt bis zu 800 m über den Ebenen von Rhein und Main und wird selbst überragt vom Großen Feldberg. Das Kurbad mit Gesundheitszentrum lädt zu Erholung mit Panoramablick ein. Königstein ist gleichzeitig eines von 12 Portalen zum Heilklima-Park Hochtaunus. Das Heilklima im Taunus schließt alle belastenden Faktoren aus, d. h. es besteht eine geringe Wärmebelastung, die Luft ist weitgehend rein und die UV-Strahlung vermehrt. Darüber hinaus stimuliert Heilklima durch Reize (v. a. Kältereize und UV-Strahlung), die Anpassungsreaktionen im Organismus hervorrufen. Zusätzlich wirken sich Höhenlage, Geländeform und Hangneigung stark auf die unterschiedliche Ausprägung der Klimaelemente aus (z. B. geringere Wärmebelastung und stärkerer Wind in höheren Lagen). An den zwölf Portalen beginnen insgesamt 34 Wege mit einer Gesamtstreckenlänge von 180 Kilometern, verschiedenen Anforderungen hinsichtlich Streckenlänge und Höhendifferenz und entsprechend unterschiedlichen leistungsphysiologischen und bioklimatischen Bedingungen.

taunus
Land der Berge, Burgen, Bäder
Willkommen im Taunus
Erleben Sie den Taunus in seinen vielfarbigen Facetten. Das gefühlvolle Wechselspiel von Tradition und Moderne übt einen faszinierenden Reiz aus und macht den – kurzen oder langen – Aufenthalt zu einem außergewöhnlichen Ereignis. Exklusive Restaurants und Bars, gemütliche Landgasthäuserund urige Kneipen laden ein, den Taunus zu genießen.
Taunus Touristik Service
Ludwig-Erhard-Anlage 1 – 5 · 61352 Bad Homburg v. d. Höhe
Telefon (0 61 72) 999 41 40 · Telefax (0 61 72) 999 98 07
ti@taunus.info · www.taunus.info

TOUR
01

Frankfurt am Main - Historischer Stadtrundgang

2½ Stdn.

Anfahrt - A 5 von Karlsruhe. - A 3 von Würzburg bzw. Köln. - A 66 von Wiesbaden bzw. Fulda. - A 45, A 5 von Siegen. - ICE-Bahnhof. - Vom Hauptbahnhof mit der U 4 oder U 5 zur Station Dom/Römer.
Parken - P Römer.

Frankfurt am Main - Die lebendige Metropole Hessens wird aufgrund ihrer imposanten Skyline auch »Mainhattan« genannt und besitzt eine schöne Altstadt mit reizvollen Fachwerkhäusern. Berühmt ist der Stadtteil Alt-Sachsenhausen, in dem der »Äppelwoi« zu Hause ist.
Aus der Geschichte - Erste Besiedelung bereits vor ca. 5000 Jahren. Im 1. Jh. bestand eine römische Siedlung und Militärstation auf dem Domhügel, an deren Stelle später ein fränkischer Königshof errichtet wurde. 794 erste urkundliche Erwähnung von »Franconofurt«. Um 1240 Beginn der jahrhundertelangen internationalen Messetradition der Stadt, die seitdem jährlich Austragungsort der Frankfurter Messe ist. Ab 1356 Wahlstatt der deutschen Könige, ab 1562 ist der Kaiserdom Krönungskirche von insgesamt zehn deutschen Kaisern. 1372 Freie Reichsstadt. In den folgenden Jahrhunderten Entwicklung zu einem der bedeutendsten Handelsplätze Deutschlands. 1585 Errichtung der ersten Frankfurter Börse. 1816-1866 Sitz des Deutschen Bundes. 1848 Versammlung des ersten frei gewählten deutschen Parlaments in der Paulskirche. Im Zweiten Weltkrieg Zerstörung der gesamten Altstadt mit über 2000 Fachwerkhäusern, danach Wiederherstellung des Römerbergs. 1949 knappes Scheitern bei der Wahl zur Bundeshauptstadt. Heute ist Frankfurt Sitz wirtschaftlich und politisch wichtiger Bundesbehörden sowie der Europäischen Zentralbank.

Das alte Rathaus, der »Römer«, Wahrzeichen der Stadt

Der Rundgang - Der Rundgang beginnt am 1) Römerberg mit dem »Römer«, dem alten Rathaus und Wahrzeichen der Stadt, das nach und nach aus elf Patrizierhäusern des 14. Jh. umgebaut wurde. Im Mittelbau liegen die bis 1846 genutzten Kauf- und Messehallen, genau darüber der Kaisersaal mit 52 Kaiserbildern. Heute ist der »Römer« Sitz der/des Oberbürgermeisterin/-s, der Stadtverordnetenversammlung und mehrerer Ämter. Der Römerberg galt im 16. Jh. als schönster Platz im Heiligen Römischen

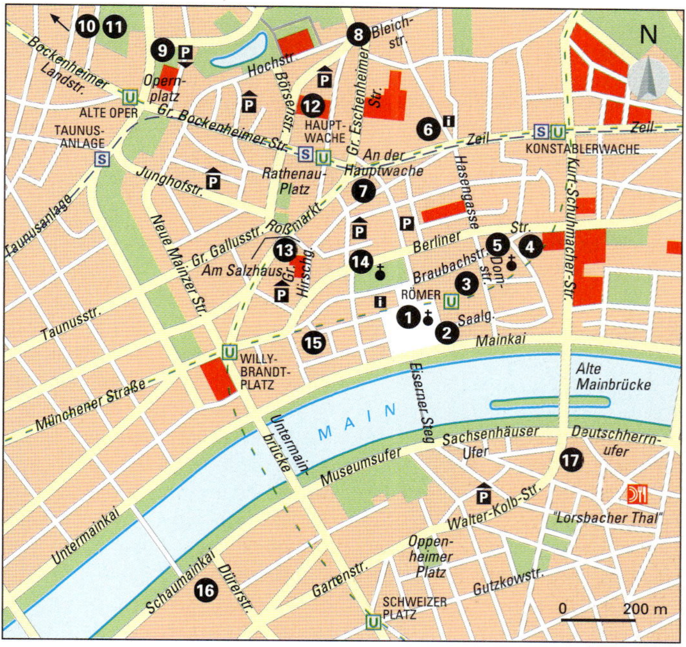

Reich Deutscher Nation und war Schauplatz der Wahlen und Krönungen der deutschen Könige. In der Mitte des Platzes steht der Justitiabrunnen, 1611 in Sandstein erbaut und 1887 in Bronze erneuert. - 2) Historisches Museum mit Exponaten zur Stadtgeschichte und speziellem Museum für Kinder. Früher stand hier der Saalhof (Königspfalz) aus dem 12. Jh., von dem heute nur noch die vermutlich vor 1200 erbaute Saalhofkapelle existiert. - In der 3) Ostzeile wurden zu Beginn der 1980er-Jahre sechs Bauten nach historischem Vorbild wiederhergestellt. - Rechts an der Ostzeile vorbei, durch die Saalgasse zum 4) Kaiserdom. Heutiger Bau um 1235. Ab 1356 Ort der Königswahlen, 1562-1792 Krönungskirche der deutschen Kaiser. Nach Großbrand 1867 neugotische Restaurierung und Vollendung der Turmspitze. Wertvolle Innenausstattung, u. a. Maria-Schlaf-Altar (1434-1438), Chorgestühl (Mitte 14. Jh.), Bartholomäus-Fries (15. Jh.). - Durch die Domstraße bis Ecke Braubachstraße zum 5) Museum für Moderne Kunst, wegen seiner Dreiecksform, entworfen vom Architekten Hans Hollein, auch »Tortenstück« genannt. Ausstellungen mit Werken der 1960er-Jahre und der Gegenwartskunst, zeitgenössischer Fotografie, Objektkunst und Rauminstallationen. - Berliner Straße überqueren, geradeaus weiter der Hasengasse folgen bis zur 6) Zeil mit der futuristischen Zeilgalerie. Eine der ältesten Hauptstraßen Frankfurts, benannt nach der ehemals einzeiligen Bebauung. Einst Viehmarkt außerhalb der staufischen Stadtmauer, ab Ende des 17. Jh. bis Mitte des 18. Jh. Frankfurts vornehmste Wohn- und Geschäftsstraße, heute umsatzstärkste Einkaufsmeile Deutschlands und eine der wichtigsten Einkaufsstraßen in Europa. - Links hinunter zur 7) Hauptwache, einem der zentralen Plätze der Mainmetropole. Die einstige Wachstube diente lange als Gefängnis. Beim Wachensturm 1833 wollten junge Revolutionäre die Errichtung einer Republik erzwingen. Originalgetreuer Wiederaufbau 1730, heute Café. - Durch die Eschenheimer Straße zum mittelalterlichen 8) Eschenheimer Turm mit seinen fünf Spitzen. - Über die Bockenheimer Anlage zum Opernplatz mit der 9) Alten Oper, erbaut 1873-1880 nach Plänen des Berliner Architekten Richard Lucae und nach der Zerstörung im Zweiten Weltkrieg wieder errichtet. - Möglicher Abstecher zum ca. 1,5 km entfernten 10) Senckenberg-Museum (U6 oder U7 bis »Bockenheimer Warte« bzw. Buslinie Nr. 32 bis zum »Senckenberg-Museum« oder zu Fuß vom Opernplatz über den Kettenhofweg bis zur Senckenberg-Anlage, die man schräg rechts durchquert). Größtes naturkundliches Museum Deutschlands und eines der renommiertesten Naturkundemuseen Europas, benannt nach Johann Christian Senckenberg (1707-1772), Frankfurter Arzt und Mäzen, auf den die Idee einer naturwissenschaftlichen Bildungsstätte in Frankfurt zurückgeht. Einzigartige Exponate aus verschiedenen Erdzeitaltern, u.a. Fossilien, Mineralien, Dinosaurier, präparierte Säugetiere. Vorträge, Exkursionen, Führungen sowie spezielle Angebote für Kinder. - Entlang der Senckenberg-Anlage zur Bockenheimer Straße, auf dieser stadteinwärts, dann links in die Siesmayerstraße zum 11) Palmengarten. Gegründet 1868 für die exotische Pflanzensammlung von Herzog Adolf von Nassau, Eröffnung 1871, seit 1931 im Besitz der Stadt Frankfurt. Nach dem Zweiten Weltkrieg bis Anfang der 1960er-Jahre Restaurierung der Gebäude, bis 1992 Modernisierung und Ausbau der gesamten Anlage, in der man heute neu gestaltete Stein-, Rhododendron-, Rosen- und Staudengärten, ein Tropicarium, ein Subantarktishaus und weitere mit modernster Technik ausgestattete Gewächshäuser sowie Sonderausstellungen und kulturelle Veranstaltungen erleben kann. - Durch die Bockenheimer Landstraße zurück zum Opernplatz, über die sog. »Fressgass« und links in die Börsenstraße zum 1874-1879 erbauten 12) Börsengebäude, wegen seiner 43 m hohen Kuppel auch »Kapitalistendom« genannt. Vor dem Bau stehen die Symboltiere der Börse: der Stier (für Hausse) und der Bär (für Baisse). Seit ihrer Gründung 1585 ist Frankfurt Deutschlands führender Börsenplatz. - Durch die Börsenstraße zurück, geradeaus über den Rathenau-Platz und den Goethe-Platz, links in den Rossmarkt, geradeaus durch die Straße »Am Salzhaus« zur Einmündung des Großen Hirschgrabens. Hs. Nr. 23 ist das 13) Goethehaus.

Die Skylinie von »Mainhattan«

Goethes Geburtshaus, in dem er seine Jugendjahre verbrachte, ist ein typisches Beispiel für die bürgerliche Wohnkultur im Spätbarock. Das angrenzende Goethemuseum zeigt Gemälde und Dokumente aus den Jahren 1750-1830, d. h. aus der Zeit Goethes. - Weiter durch den Großen Hirschgraben, dann links in die Berliner Straße zur 14) Paulskirche. Ursprünglich als Emporenbau errichtet (1789-1833, Wiederaufbau nach dem Zweiten Weltkrieg), ist sie das nationale Symbol für Freiheit und Demokratie in Deutschland. 1848 trat hier die erste frei gewählte Nationalversammlung zusammen. Ab 1852 fanden wieder Gottesdienste statt, nachdem das Parlament mit Waffengewalt aufgelöst worden war. Heute wird die Kirche vor allem für Ausstellungen und Veranstaltungen genutzt. - Der Bethmannstraße folgen, links in die Buchgasse, dann rechts in die Münzgasse zum Institut für Stadtgeschichte im ehemaligen 15) Karmeliterkloster. Gegründet im 13. Jh., um 1500 aus- und umgebaut, nach der Säkularisierung Anfang des 19. Jh. als Lazarett und Feuerwache genutzt, nach dem Zweiten Weltkrieg wiederaufgebaut und restauriert. Im Refektorium Fresken (1514-1517) mit Motiven aus der Heilsgeschichte und der Geschichte des Karmeliterordens von Jörg Ratgeb, im Kreuzgang das längste Wandgemälde (140 m) nördlich der Alpen. Heute Veranstaltungen und Ausstellungen zur Stadt- und Regionalgeschichte. - Am Untermainkai entlang, dann über den Hohlbeinsteg zum 16) Städel Museum am Museumsufer, gestiftet vom Frankfurter Handelsmann Johann Friedrich Städel (1728-1816), seit 1878 im heutigen Kuppelbau untergebracht. Weiter entlang am Schaumainkai und dem Sachsenhäuser Ufer mit schönem Blick auf die Frankfurter Skyline. An der Alten Brücke rechts in die Walter-Kolb-Straße zum 17) Deutschordenshaus mit der 1309 gegründeten Deutschordenskirche (Barockfassade 1747-1751). Das ursprünglich als Hospiz genutzte Gebäude wurde 1221 dem Deutschorden übertragen. 1709-1715 erfolgte der Neubau. Nach der Zerstörung im Zweiten Weltkrieg seit 1958 wieder im Besitz des Deutschordens, Wiederaufbau 1963-1965. Vom Deutschherrnufer zweigt nach rechts die Große Rittergasse ab. Hier hat man die Gelegenheit zur Einkehr im

Lorsbacher Thal - Gemütliche Äppelwoi-Gaststätte in Alt-Sachsenhausen, seit 1803 in Familienbesitz. Die Speisekarte bietet gutbürgerliche Gerichte, hessische Spezialitäten (u. a. Tafelspitz mit Grüner Soße), Suppen und kalte Speisen - natürlich begleitet von selbst gekeltertem Apfelwein und erlesenen Tropfen aus dem Rheingau. - ÖZ: Täglich 16-24 Uhr. Andere Zeiten nach Absprache.

TOUR **02**

Hochheim am Main - Historischer Stadtrundgang

1 Std.

Anfahrt - Auf der A 671, Abfahrt Hochheim.
Parken - Am Ortseingang.

Hochheim - Der historische Ort, den schon die Römer wegen seiner exponierten Lage zu schätzen wussten, liegt am rechten Mainufer über dem Fluss. Von Weinbergen umgeben, bietet das Städtchen einen imponierenden Anblick. Die Lage und der Ausblick von hier oben sind großartig: Nicht fern von den Großstädten Frankfurt, Wiesbaden und Mainz, im Norden umrahmt von den Taunushöhen, im Süden das Maintal und der Odenwald sowie jenseits des Rheins die Pfälzer Berge. Die stilvoll restaurierte Altstadt mit ihren heimeligen Gassen und Winkeln ist bestens dazu geeignet, länger zu verweilen.

Zur Stadtgeschichte - 754 erste urkundliche Erwähnung, seit 1273 im Besitz des Mainzer Domkapitels bis zur Säkularisation im Jahre 1803. Die Domherren befestigten den Ort durch eine dicke Ringmauer mit fünf Türmen und drei Toren. Stifte, Klöster, Abteien, Hospitäler, Deutsch- und Johanniter-Ritter und Jesuiten sowie 60 Adelige hatten bald Häuser, Güter und Höfe erworben, und um 1500 entstand das »neue Dorf«. 1837 wurde die älteste rheinische Sektkellerei gegründet. Das »Grüne Tor zum Rheingau« hat heute ca. 17 000 Einwohner. Der von alters her veranstaltete Herbstmarkt (über 500 Jahre alt) zählt heute als Hochheimer Markt zu den größten Jahrmärkten Deutschlands. Der Hochheimer Wein ist weit über die Landesgrenzen hinaus bekannt.

Das Maintor, ehem. Küsterhaus

Der Rundgang - Er beginnt auf dem 1) Plan, der im Mittelalter der Marktplatz des Dorfes war. Reich verziertes Fachwerk und Barockes schart sich hier um die 2) Madonna, eine der bezauberndsten Rokoko-Plastiken des Rhein-Main-Gebietes. Die Sandsteinfigur wurde von Drescharbeitern gefunden und 1770 in Hochheim aufgestellt. Seitdem gehört sie zu den Wahrzeichen der Stadt und ist jährlich Ziel einer Prozession der Gemeinde. Die 3) Mainzer Straße ist ein Fingerzeig auf fünf Jahrhunderte, in denen die Domherren aus Mainz die Geschicke der Stadt lenkten. Geblieben sind schmucke Gasthäuser aus dem 18. Jh., in denen schon Fürsten und Feldherren Quartier bezogen. Von der Mainzer Straße biegt man links in die Rathausstraße ab und ge-

langt über die Winterstraße zum 4) Amtsgericht aus dem Jahre 1910. Etwas weiter erreicht man die katholische Pfarrkirche 5) St. Peter und Paul, erbaut 1730-1732. Das 1975 in seinem Inneren mustergültig restaurierte Gotteshaus mit Hochaltar (1775) und großartigem Deckengemälde von Johann Baptist Enderle wird von Einheit und Harmonie geprägt. Vom alten Fronhof der Kirche hat man einen wunderbaren Blick in die Mainebene bis zu den Türmen von Mainz im Westen und den Bergen des Odenwaldes im Südosten. Unmittelbar an die Pfarrkirche grenzt das 6) Maintor, das ehemals auch als Küsterhaus diente. Wird das Tor durchschritten, befindet man sich inmitten der Weinberge. Auf der Winterstraße zurück in die Kirchgasse (gegenüber dem Amtsgericht), die von schmucken Fachwerkhäusern gesäumt wird und am Plan endet.

TOUR
03

Hochheim am Main - Flörsheim - Hochheim

8 km

2 ¼ Stdn.

Charakteristik - Eine gemächliche Wanderung, die Wissenswertes über Rebsorten und ihren Anbau vermittelt und prächtige Ausblicke bietet.
Anfahrt - Von Wiesbaden A 671 Richtung Darmstadt - Mainz - Mainz/Kastel, Ausfahrt Hochheim-Süd. - Von Frankfurt A 66, Ausfahrt Hofheim - Marxheim - Flörsheim - Weilbach, B 40/519 Richtung Wicker - Hochheim.
Parken - An der Mainzer Straße und anliegenden Nebenstraßen oder P Alte Malzfabrik.

Hochheim - Die Altstadt mit ihren heimeligen Gassen, Winkeln und historischen Bauten lädt zum Verweilen ein. Der Weinbau prägt die Stadt seit Jahrhunderten. Berühmt sind hier vor allem das Hochheimer Weinfest Mitte Juli und der Hochheimer Markt Anfang November jeden Jahres.
Hochheim - Flörsheim/Wiesenmühle - 1 Std. - Von P Mainzer Straße Richtung Main laufen. Bei Kriegerdenkmal am Geheimrat-Hummel-Platz auf dem Stielweg dem Wegweiser Weinbergs-Wanderweg [Weinkelch] folgen, der teilweise identisch mit den Markierungen [Bonifatiusroute] und [Nördlicher Mainuferweg] verläuft. Nach dem Abzweig links führt der Weinbergs-Wanderweg [Weinkelch] über den Herrenbachpfad durch die wohl bekannteste Hochheimer Weinlage, die Domdechaney. In südwestlicher Richtung ist die prachtvolle Silhouette aus Kirchtürmen und Dom der rheinland-pfälzischen Landeshauptstadt Mainz zu bewundern, im Osten fällt der Blick auf die Route der Industriekultur entlang des Mains. Nach links bietet der Lehrpfad schöne

Blick auf die Flörsheimer Warte von Wicker aus, im Herbst

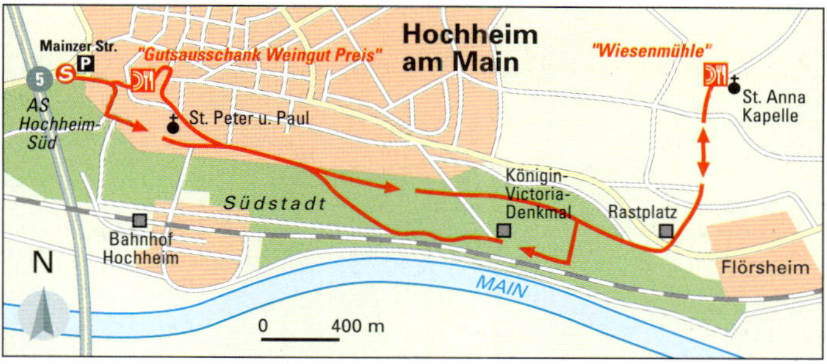

Ausblicke auf die historische Altstadt, Schautafeln informieren über Ortsgeschichte, Rebanbau und die Arbeit der Winzer. An der Barockkirche St. Peter und Paul, dem Wahrzeichen der Stadt, verlässt man den Herrenbachpfad, überquert die Bahnhofstraße und schwenkt rechts in den Neubergweg ein, immer noch entlang des Weinbergs-Wanderwegs [Weinkelch]. Nach etwa ½ Stunde erreicht man einen Rastplatz. Dort **(!)** Abzweig links, Landstraße überqueren, Wegweiser [Wiesenmühle] folgen, der nach etwa ¼ Stunde abwärts ins Wickertal zum Landgasthof führt.

Gasthof Wiesenmühle - Als Ausflugsziel genießt der historische Winkel im Grünen seit den 20er Jahren einen unschlagbaren Ruf. Der Familienbetrieb ist Mitglied der Kooperation »Hessen à la carte« und verwöhnt den Gast stets freundlich mit frisch zubereiteten regionalen Speisen aller Art und saisonalen Spezialitäten wie z.B. Spargel, Pfifferlingen, Enten und Gänsen. Auch an vegetarische Kost, frische Salate und Kinderteller wird hier gedacht. Ob eigene Weine, handgerüttelter Rieslingsekt oder Apfelwein, alles ist vom Feinsten und zu unteren bis mittleren Preisen erhältlich. - ÖZ: Mi.-So. 11-23 Uhr, Ruhetage = Mo. und Di. (außer an Feiertagen).

Wiesenmühle - Hochheim - 1¼ Stdn. - Eventuell Abstecher zur St.-Anna-Kapelle. Den Weg zur Landstraße zurück, diese queren und auf dem Neubergweg bis zur Hochspannungsleitung gehen. Nach einigen Metern den ersten Abzweig links nehmen, dann rechts zum Königin-Victoria-Denkmal. Die britische Herrscherin verlieh dem dazugehörigen Weinberg ihren Namen bei einem Besuch anno 1845, als sie die von ihr

Wahrzeichen von Hochheim, die Barockkirche St. Peter und Paul

hoch geschätzten Lagen des Hochheimer Weines persönlich begutachtete. Ihr zu Ehren wurde hier an der Quelle der imposante Gedenkstein errichtet. Der Weinbergs-Wanderweg [Weinkelch] führt am Sandweg entlang weiter geradeaus und nach dem zweiten Abzweig rechts aufwärts über den Gansweg wieder auf den Neubergweg. An der nächsten Gabelung links Richtung Kirche laufen, geradeaus durch den Torbogen des Küsterhauses der Kirchstraße folgen, auf dem Platz Am Plan an der Madonna vorbei links in die Rathausstraße, die auch zur Mainzer Straße zurückführt, einbiegen zum

Gutsausschank Weingut Preis - Gemütliche Weinstube und stilvoll gestalteter, mit Weinreben bewachsener Innenhof. Gutbürgerliche Küche mit saisonalen und regionalen Spezialitäten wie »Worschdsupp«, Winzerteller, Hausmacher Leber- und Blutwurst sowie Presskopf. Eigene Weine, alles zu mittleren Preisen. Zweimal jährlich kulinarische Weinproben bei Kerzenlicht im 200 Jahre alten Gewölbekeller. - ÖZ: Mi.-Sa. von 17-23 Uhr, Sonn- und Feiertage 12-22 Uhr. Ruhetage = Mo. und Di.

TOUR **04**

Hofheim - Meisterturm - Waldgasthof Gundelhard - Viehweide - Hofheim

11 km

3¼ Stdn.

Charakteristik - Nach dem Verlassen von Hofheim ein leicht zu findender Weg. Zunächst starker Anstieg, unterwegs gibt es aber immer wieder Gelegenheiten für Ruhepausen und herrliche Ausblicke ins Taunus-Vorland.
Anfahrt - Von Frankfurt oder Wiesbaden A 3 und A 66, Ausfahrt Hofheim. - Von Norden über B 519. - Von Lorsbach über Münsterer Straße, von Kelkheim über den Gundelhardweg zum Waldgasthaus. - Bahn: Ab Frankfurt S 2, RE 20 oder SE 20 bis Hofheim. - Ab Wiesbaden RB 21 bis Niedernhausen, dann S 2, RE 20 oder SE 20 bis Hofheim.
Parken - P am Bhf. Hofheim (nur mit Parkschein) - Weitere Parkmöglichkeiten in den Seitenstraßen.

Hofheim - Meisterturm - Gundelhard - gut 1½ Stdn. - Vom Bahnhof Hofheim in die Fußgängerpassage (Hauptstraße) einbiegen. Geradeaus, dritte Straße links in die Kurhausstraße, am Krankenhaus vorbei, halb rechts in die Kapellenstraße und steil aufwärts. An der Kreuzung Albertweg/Dr.-Heimen-Weg direkt links mit der Markierung [Gelber Querbalken] weiter bergauf laufen. Der Weg führt zunächst an einer Reihe jungsteinzeitlicher Hügelgräber sowie an der Bergkapelle St. Peter und Paul vorbei bis zum Meisterturm. Der Aussichts- und Sendeturm (früher aus Holz, heute aus Stahl) wurde nach seinem Hauptstifter, dem Mitbegründer der Farbwerke Höchst, benannt. Von oben hat man eine herrliche Rundumsicht auf die Taunushänge und das Vorland im Süden. Rund um den Meisterturm wurden außerdem vorgeschichtliche Ringwallanlagen entdeckt. Von hier immer geradeaus dem [Gelben Balken] folgen. Kurz vor dem Waldgasthof kommt die von Lorsbach heraufführende Straße hinzu. Schöner Ausblick auf die Talsenke. Rechts abbiegen und zum

Wanderer vor der Bergkapelle am Kapellenberg

Waldgasthof Gundelhard - Sehr ruhig im Wald gelegener Gasthof mit gemütlichen Gasträumen, Wintergarten mit Kamin sowie schönem schattigem Biergarten. In ungezwungener Atmosphäre werden hessische Küche und saisonale Gerichte serviert. Kinderteller. Kaffee und Kuchen. Im Winter Raclette-Abende. Von Juli bis September jeden ersten

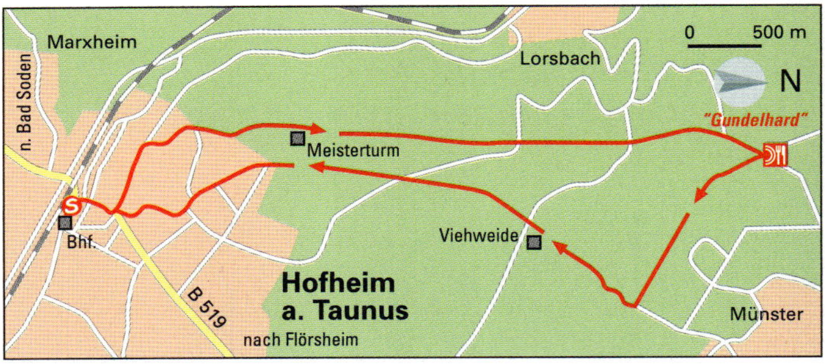

So. Jazz-Frühschoppen. Mittlere bis leicht gehobene Preise. - Spielplatz sowie P am Haus. (Straße zeitweise nur bis Wald-P befahrbar, dann 10 Min. Fußweg.) - ÖZ: Di.-Fr. 11-23 Uhr, Sa./So./Fei. 10-23 Uhr. Ruhetag = Mo.

➡ **Gundelhard - Viehweide - Hofheim** - gut 1½ Stdn. - Geradeaus an Schranke vorbei bis Wegkreuzung [Roter Balken]. An dieser Kreuzung scharf rechts, dann die Gundelhard-Schneise abwärts bis zu einer Waldlichtung. Dort biegt man rechts in die Staab-Schneise ein, [Schwarzes Rechteck]. Nun in leichten Kurven, vorbei an beeindruckenden Eichen, aufwärts zur Viehweide. Von hier hat man durch die Lichtung einen schönen Blick auf Höchst. Dem [Roten Balken] geradeaus folgen. Nach ca. 250 m auf einem der beiden mittleren Wege weiter, beide kommen nach dem Forsthaus an der Wegtafel von Hofheim wieder zusammen. Der Kühruhpfad (der linke der beiden Pfade) führt mit [Rotem Balken] am Wildgehege mit Wildschweinen und Rehen vorbei. An der Kreuzung mit Wandertafel den Kreuzweg steil abwärts. Oberhalb des Weges liegt das Exerzitienhaus St. Joseph und das Schwesternheim. Am Ehrenmal biegt man nach rechts in die Lindenstraße ab, weiter bis zur Staufenstraße. Hier links, dann wieder links in die Oskar-Meyer-Straße und mit kleinem Haken nach rechts in die Langgasse. Bis zur Fußgängerpassage, dann rechts. Vorbei an der Kath. Kirche und dem schönen alten Fachwerk-Rathaus zurück zum Bahnhof Hofheim.

➡ **Weiterer Wanderweg** - Von Hofheim durchs Schwarzbachtal nach Lorsbach, dort Gleise überqueren, mit [Rotem Balken] nach Langenhain. Mit [Schwarzer Gabel] am Wander-P Hinterwald nach Hofheim (12 km).

Eppstein - Eppenhain - Ruppertshain - Fischbach - Eppstein

Charakteristik - Eine Wanderung, die für den zu Beginn stetig bergauf führenden Weg etwas Kondition voraussetzt. Diese Mühe wird aber reichlich belohnt, wenn sich dem Wanderer phantastische Ausblicke auf die Burg Eppstein, zu den umliegenden Taunushängen und auf liebliche Täler bieten.
Anfahrt - A 3 Frankfurt - Köln, Abfahrt Niedernhausen, B 455 nach Eppstein.
Parken - Großer P am Ortseingang und am Bahnhof. - Gäste-P Café-Bar-Restaurant »Wunderbar Weite Welt«.

16 km

4 Stdn.

Eppstein - Die »Perle der Nassauischen Schweiz« erhielt 1318 Stadtrechte. Alt-Eppstein schmiegt sich an den Burgberg, den auf steilem Felsen die Burgruine krönt. Die spätgotische Talkirche, ein Kunstdenkmal aus dem 15. Jh. mit Grablege der Herren von Eppstein und Sonnenuhr aus dem Jahre 1620 an der Außenfassade, ist sehenswert. Die Burg Eppstein, 1122 erstmals erwähnt, diente für drei Jahrhunderte als Residenz einer der mächtigsten rhein-mainischen Adelsfamilien. Sie errang auch wegen ihrer baugeschichtlichen Bedeutung und ihrer landschaftlich reizvollen Lage einen Platz in der Kulturgeschichte. Der Burggraben, der Altangarten, die vielen Türmchen und vor allem der Turm des Bergfrieds bieten einen phantastischen Ausblick auf den Taunus und das hübsche Örtchen. Die Burg wurde 1804-1823 planmäßig abgebrochen. Zu Beginn des 20. Jh. setzten umfangreiche Rettungsmaßnahmen ein, um die Reste der Ruinen als Geschichtsdenkmal zu retten und zu renovieren. Der Komponist Mendelssohn-Bartholdy, Dichter wie Victor Hugo und Alexandre Dumas d. Ä. ließen sich von der stimmungsvollen Burgkulisse inspirieren. Heute beherbergt die Burg ein Heimatmuseum. Alljährlich finden im Sommer die Burgfestspiele statt. Schmal und heimelig sind die Straßen unterhalb der Burg. Hier befindet sich auch das älteste Haus im Main-Taunus-Kreis von 1459. - Die Teilorte von Eppstein - Bremthal, Ehlhalten, Niederjosbach und Vockenhausen - laden ebenfalls zu herrlichen Wanderungen ein, fernab vom Touristenrummel inmitten einer lieblichen Wald- und Wiesenlandschaft.

Eppstein - Eppenhain - Ruppertshain - knapp 2 Stdn. - Vom Bahnhof kommend die B 455 überqueren. Am Ortseingang beginnt der Weg mit der Markierung [Grüner Balken]. Burgstraße, Abzweig links steil bergauf, dann rechts. An der nächsten Abzweigung der Markierung links **(!)** folgen. Auf einem Wiesenweg geht es weiter hinauf bis zur Asphaltstraße. Dort erst rechts, hinter dem Sportplatz Abzweig links und etwas später halb rechts hinein in den Wald. An der Kreuzung mit [Grü-

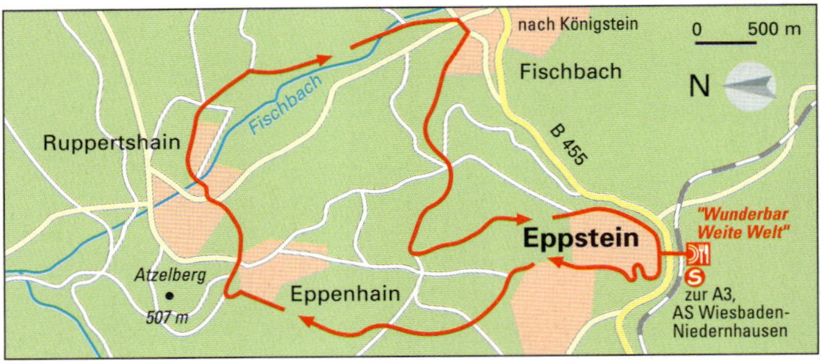

nem Balken] und Wegweiser [Königstein] links halten, Betonstraße überqueren und der Markierung geradeaus auf einem weichen Waldweg nach Eppenhain folgen. - Hier ist eine Besteigung des Turms auf dem Atzelberg (507 m) möglich, von dem man einen phantastischen Ausblick über den Taunus hat. - Durch Eppenhain mit [Grünem Balken], gegenüber der Schule die Eppenhainer Straße überqueren und geradeaus in den Wald. Der gut markierte Weg zweigt dann links ab und führt parallel zur Straße steil geradeaus abwärts nach Ruppertshain.

Ruppertshain - Fischbach - Eppstein - gut 2 Stdn. - In Ruppertshain rechts abwärts Robert-Koch-Straße überqueren, Wiesenstraße und vor dem Sportplatz halb rechts mit [Grünem Balken]. Nach ca. 300 m [ohne Markierung] geradeaus durch ein schönes Wiesengelände bis zum befestigten Sträßchen. Dort an der Abzweigung rechts, vorbei am Friedhof. Mit [Blauem Balken] nach Fischbach. In Fischbach an der Kreuzung Eppsteiner Straße rechts, Abzweig Behringstraße rechts **(!)** und mit [Blauem Kreuz] aufwärts durch den Wald bis zum Natursteinwerk. Dort geradeaus Markierung [Vogel] folgen und später mit [Grünem Punkt] links abzweigen. Am romantisch gelegenen Fischweiher vorbei führt der Weg stets talwärts. An der nächsten Gabelung geht der Weg links nach Eppstein zur angenehmen Einkehr im

Café-Bar Restaurant »Wunderbar Weite Welt« - Modernes Ausflugslokal in warmen mediterranen Farben, mit herrlichem Blick auf Altstadt und Burg sowie großem Sommer- und Biergarten. Die internationale Speisekarte bietet je nach Saison wechselnde kulinarische Hig-

Eppstein, Burgstädtchen am westlichen Stadtrand von Frankfurt

hlights. Der kinderfreundliche Betrieb erwartet die kleinen Gäste mit einer Kinderkarte und Spielplätzen. Leckere Kuchen und Torten. Sonn- und Feiertagsbrunch. Durchgehend warme Küche. Kulturveranstaltungen. Mittlere Preise. - ÖZ: Mo.-Sa. 9-1 Uhr, So. 10-1 Uhr.

➡ **Weiterer Wanderweg** - Von Niederjosbach nach Ehlhalten, durch das Dattenbachtal zu Forellenteichen und links Richtung Freizeitanlage Lindenkopf. Über Oberjosbach und Forsthaus Oberjosbach zurück nach Niederjosbach (ca. 13 km).

TOUR 06

Hof Gimbach/Kelkheim - Kaisertempel - Hof Gimbach

Charakteristik - Ein Weg mit mehreren steilen Anstiegen, teils in Taleinschnitten, teils auf Höhenwegen. Herrliche Rund- und Ausblicke belohnen aber immer wieder für die Mühen des Anstiegs (festes Schuhwerk empfehlenswert). Der Rundweg kann auf 8 km (2 ½ Stdn.) verkürzt werden.

Anfahrt - Von Frankfurt bzw. Wiesbaden A 66, Ausfahrt Kelkheim. - Von Königstein B 455, in Fischbach Abzweigung Kelkheim. - Im Ort in der Nähe des Bhf. Wegweiser [Hof Gimbach]. - Hessische Landesbahn von Frankfurt oder Frankfurt-Höchst bzw. Königstein bis Bhf. Kelkheim. - Buslinie 263 von Hofheim bis Bhf. Kelkheim.

Parken - Großer P am Hof Gimbach.

12 km

3 ½ Stdn.

Kelkheim - Die Stadt am Südhang des Taunus hat ca. 26000 Einwohner und wurde 880 erstmals urkundlich erwähnt. Im Jahre 1594 ging Kelkheim zunächst an das Kurfürstentum Mainz, 1803 an das Herzogtum Nassau. Der Ort ist seit dem 19. Jh. als Möbelstadt bekannt. Heute werden verstärkt handwerkliche Traditionen gepflegt, auch Einzelanfertigungen in ausgewählten antiken und modernen Designs. - Sehenswürdigkeiten: Hornauer Hofgut derer von Gagern; Alte Martinskirche (1725) in Hornau mit Gedenktafel an Heinrich von Gagern (Präsident der Paulskirchen-Versammlung 1848); Gagernanlage mit 12 Findlingen, die die Generationen der Gagern im 19. Jh. symbolisieren sollen; Kloster Kelkheim (Franziskanerkloster von 1908); Pfarrkirche St. Dionysius in Münster von 1811. Beliebte Ausflugs- und Wanderziele sind der Rettershof (ehemaliges Kloster, später Hofgut) und der Atzelberg mit seinem Aussichtsturm.

Ehemaliges Franziskanerkloster

Kelkheim - Hof Gimbach - Kaisertempel - ca. 2½ Stdn. Vom Bhf. Kelkheim Bahngleise überqueren, links in die Altkönigstraße und rechts zur Gundelhardtstraße, dann Gimbacher Weg aufwärts, [Schwarzer Balken]. Vor dem Hof Gimbach an der Wandertafel links ab mit [Rotem Balken], am Campingplatz vorbei aufwärts in schönen Mischwald. Nach 250 m an Abzweigung rechts auf Teerstraße. - Nach 300 m kann man eine Abkürzung über den [Amtsbotenweg] zum Kaisertempel nehmen. Dafür rechts in Kiesstraße mit [Schwarzem Balken] einbiegen. - Sonst geradeaus bis zur Kreuzung, dann rechts auf Kiesweg [Schwarzer Punkt]. An der nächsten Kreuzung [ohne Markierung] auf gepflastertem Weg zwischen Wald und Wiesen auf der Münsterer Straße abwärts ins Tal nach Lorsbach. Blick durch das Tal auf den Baha'i Tempel. Am Ortsbeginn vor **(!)** Hs. Nr. 55 rechts auf der Straße Frankental [ohne Markierung] aufwärts. Nach Hs. Nr. 6a weiter auf Kiesweg bis Abzweigung links aufwärts, vorbei an Hs. Nr. 26 Am Hasenberg. An Abzweig (Bank) links abwärts bis vor Hs. Nr. 15., rechts **(!)** [Schwarzem Balken] folgen, vorbei an ehemaliger Schutzhütte Luisentempel abwärts. Nach Waldaustritt am Hasenberg herrlicher Ausblick! Zwischen dem Luisentempel und dem Kaisertempel liegt das NSG Walterstein mit der Richard-Wagner-Eiche von 1813/1963. Vor der Landstraße der Markierung [Schwarzer Balken] nach rechts folgen bis zum mit [Blauem Kreuz] gekennzeichneten Weg. Links abbiegen zur Mendelssohn-Gedenkstätte und Kaisertempel.

Kaisertempel - Erbaut 1894 nach Plänen des Frankfurter Architekten Conrad Steinbrinck als patriotische Erinnerungsstätte an den Deutsch-Französischen Krieg und die Schaffung des Zweiten Deutschen Reiches. Finanziert wurde der Bau von der Gemeinde und dem Verschönerungs-

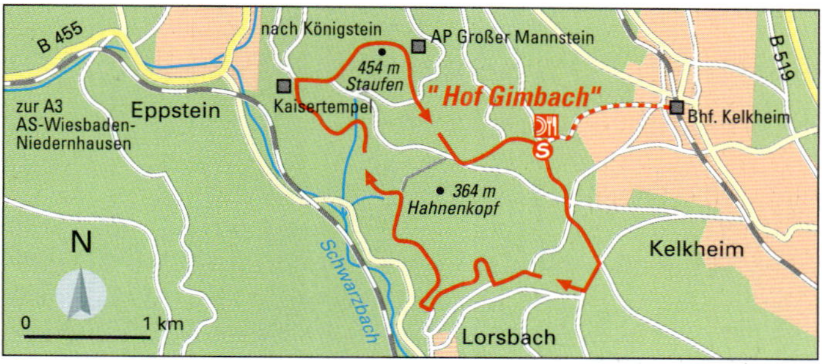

verein Eppstein sowie von Josef Heinrich Flach. Man genießt einen wunderbaren Ausblick auf Eppstein (mit Burgruine) und die umliegenden Höhenzüge (Panoramakarte). Innen sind Portraits aus der Gründerzeit und den folgenden Jahren zu sehen.

➡ Kaisertempel - Hof Gimbach - Kelkheim - gut 1 Std. - Mit [Gelbem Balken] zurück zum Weg und aufwärts. Der gut markierte Weg führt auf der Höhe entlang, bei Abzweig [Amtsbotenweg=Abkürzung] links **(!)** aufwärts zum Staufen (451 m) und Felsgruppe Großer Mannstein. Hier leisteten 1838 die Gebrüder von Gagern den Staufenschwur und versprachen sich gegenseitige Unterstützung bei ihrem Einsatz für die Einheit und Freiheit Deutschlands. Wunderbarer Ausblick hinunter nach Kelkheim, auf die Skyline von Frankfurt und die Main-Ebene. Weiter dem [Gelben Balken] abwärts folgen bis Abzweig links mit [Schwarzem Balken] zum Hof Gimbach. Von dort auf bekanntem Weg zurück zum Bhf. Kelkheim.

Landgaststätte Hof Gimbach - Seit 1912 in Familienbesitz, ein weit über die Stadtgrenzen von Kelkheim hinaus bekanntes und beliebtes Ausflugsziel mit Kleintiergehege und Spielplatz. Angeboten wird eine kräftige, regionale Küche mit Fleisch- und Wurstspezialitäten aus eigener Viehhaltung. Selbst gebackener Kuchen und selbst gekelterter Apfelwein verwöhnen den Gast sowohl in der gemütlichen Atmosphäre der Gasträume als auch im idyllischen Garten unter mächtigen, Schatten spendenden Kastanienbäumen. Mittlere Preislage. - Ruhetag = Mi. (außer an Feiertagen).

TOUR
07

Altenhain - (Johanniswald -) Bad Soden - Altenhain

11½ km

3 Stdn.

Charakteristik - Angenehme Rundwanderung, die am Südhang des Taunus durch Mischwälder, Streuobstwiesen, an Bächen und Weihern vorbei hinab in die Bäderstadt Bad Soden führt. Bei gutem Wetter bieten sich schöne Ausblicke ins flache Rhein-Main-Gebiet. Der Rundweg kann auf 7½ km (gut 2 Stdn.) verkürzt werden.
Anfahrt - A 66 von Frankfurt bzw. Wiesbaden bis Ausfahrt Königstein/Bad Soden, dann B 8 und K 797 bis Altenhain. - Von Frankfurt oder Höchst mit der S-Bahn S 3 bis Bad Soden, dann mit Bus 803 bis Altenhain.
Parken - Großer P in der Ortsmitte von Altenhain.

Altenhain - (Johanniswald -) Bad Soden - Vom P mit [Rotem Balken] auf der Langstraße bis zur Einmündung der Heidenfeldstraße rechter Hand. - Etwa 100m aufwärts links liegt das Gasthaus Krone. - Dem [Roten Balken] Richtung B 8 folgen, an Abzweigung rechts, oberhalb der Streuobstwiesen Heidenfeld. Schöne Ausblicke zur Skyline von Frankfurt und zum Feldberg. Weiter ein Stück parallel zu Bundesstraße, danach Abzweigung rechts [ohne Markierung] auf landwirtschaftlichem Weg talwärts am Waldrand entlang. Leicht abwärts verläuft der Weg geradeaus zwischen Waldrand und einer Wiesenlandschaft. An Abzweigung links, bei nächster Abzweigung scharf **(!)** links oberhalb eines Bachs bis zu einem kleinen Weiher mit zahlreichen seltenen Vögeln, Insekten und Pflanzen. Oberhalb des Weihers rechts [ohne Markierung] auf breitem Forstweg vorbei an kleinem Rastplatz und Futterkrippe bis zur Siedlungsgrenze Fuchshohl. Rechts abwärts entlang der Hausgärten bis zum Reitplatz. Dann links mit [Schwarzem Balken] zur Landstraße Altenhain - Neuenhain. Es eröffnet sich ein Rundblick auf Bad Soden mit Neuenhain und die Ebene mit den Wahrzeichen der Stadt Frankfurt. An Abzweigung links ca. 100 m der Landstraße folgen, dann an nächster Abzweigung rechts mit [Schwarzem Balken]. Der herrliche Höhenweg schneidet in Bad Soden die Königsteiner Straße. Hier 100 m abwärts, dann links in den Kurpark mit großen alten Bäumen und vorbei am Stadtmuseum im ehemaligen Badehaus (ÖZ: Mittwochs, samstags und sonntags jeweils von 15 bis 18 Uhr, Führungen sind auf Anfrage möglich) bis zur Kronberger Straße. Diese überqueren zum Bahnhof und davor rechts abbiegen bis zur Königsteiner Straße.
Abkürzung - Wem dieser Weg zu weit ist, der geht vom Gasthaus Zur Krone, vorbei am P, auf der Landstraße K 797 von Altenhain nach Neuenhain (weitgehend Bürgersteig) bis zum Wanderweg mit dem [Schwarzen Balken], dann rechts abwärts wandern.

Bad Soden - Erste datierte urkundliche Erwähnung 1191. Nach Untersuchungen der Mineralquellen seit 1701 Heilbad, seit 1922 mit der Bezeichnung »Bad«. Das Stadtbild wird geprägt von repräsentativen Villen und herrlichen Parkanlagen.

Bad Soden - Altenhain - Vom Bahnhof aus Königsteiner Straße überqueren, dann in den Wiesenweg mit [Rotem Balken]. - Am Ende lohnt sich ein Abstecher rechts zur Fußgängerpassage und zum Quellenpark mit kostenloser Trinkbrunnenanlage. An dessen Rand befindet sich das Hundertwasser-Haus. [Ohne Markierung] über die Dachbergstraße zurück zum Weg mit dem [Roten Balken]. - Andernfalls rechts die Talstraße entlang bis zum Münsterer Weg, dann links aufwärts und gleich rechts auf Fußweg über die Brücke, am Sulzbach entlang. Diesen nach links überqueren. Auf der Straße »Am Schwimmbad« (rechter Hand liegt das FreiBadSoden) bis zur Kelkheimer Straße, dieser rechts **(!)** auf dem Bürgersteig im Tal folgen, dann leicht aufwärts zum NSG Unteres Altenhainer Tal, durch Fichten- und Mischwald immer am Sulzbach entlang bis zum Weiher. Dann rechts sehr steil aufwärts mit schönen Ausblicken in das Altenhainer Tal. Oben auf Höhenweg an Wiesen und Obstgärten vorbei, mit Ausblick auf die südöstlichen Taunushänge bis zum Ortseingang Altenhain. Auf dem Sodener Weg bis zur Neuenhainer Straße/Langstraße (am P). Nach links bis zur Einmündung der Heidenfeldstraße rechts, 100 m geradeaus zum

Gasthaus-Pension Zur Krone - In ländlich-traditionellen Gasträumen und auf der Terrasse wird in ungezwungener Atmosphäre gutbürgerliche Küche aus eigener Schlachtung geboten. Spezialitäten des Hauses sind Schlachtplatte, Beefsteak und Wildgerichte. Die vielseitige Speisekarte wird ergänzt durch Saisonspezialitäten (Spargelzeit, Bayerische Woche, Gänseessen in der Vorweihnachtszeit). Neben selbst gekeltertem Apfelwein werden offene Weine und Bier vom Fass ausgeschenkt. Geräumige Gästezimmer mit Balkon. Mittlere Preise. - Ruhetag = Di.

TOUR 08

Kronberg - Victoriatempel - Kronberg

8 km

1½ Stdn.

Charakteristik - Ein kleiner Ausflug in Stadtnähe am Anstieg zum Hochtaunus mit schönem Ausblick. Der Rückweg führt durch Parks wieder in die historische Altstadt von Kronberg.
Anfahrt - B 455 Wiesbaden - Bad Homburg bis Kronberg. - Von Frankfurt und Wiesbaden A 66, Ausfahrt Eschborn. - S 4 von Frankfurt.
Parken - P am Bahnhof.

Kronberg im Taunus - Der Luftkurort konnte sich seinen historischen Charakter bis heute erhalten. Über der Altstadt mit ihren malerischen Gassen, schmucken Fachwerkhäusern und repräsentativen Villen und Sommerhäusern mit ihren parkähnlichen Gärten thront die Burg, die einst den Ursprung der Siedlung bildete. Reste der Stadtmauer und eines der früheren Stadttore sind ebenfalls erhalten. Zu Spaziergängen laden Grünanlagen wie der Victoria-Park, der Schulgarten und der Rathauspark ein. Auch in der reizvollen Umgebung bieten sich schöne Ziele für Wanderungen und Spaziergänge, beispielsweise der Quellenpark Kronthal, das Rentbachtal mit seinen Edelkastanienbeständen und natürlich die umliegenden Taunuswälder. Interessante Einblicke in den traditionellen Obstbau rund um Kronberg vermitteln die Erlebnis-Obstwiese und die Pfarrer-Christ-Wiese. Exotische und heimische Tiere kann man im Opel-Zoo erleben.

Kronberg - Victoriatempel - ¾ Std. - Vom P Bahnhof läuft man in nördlicher Richtung, bis man den Victoriapark erreicht. Vorbei am Schillerweiher mit Wasserfontaine und dem Burger-Brunnen sowie dem Bleichweiher und vorbei am Denkmal Kaiser Friedrich III. in die Victoriastraße. Ab hier [Schwarzem Balken] folgen, unter der B 455 hindurch zum P Forsthaus/Haltestelle Roter Hang. Hinter der Kurve gleich links aufwärts in den Wald, Wegweiser [Forstlehrpfad]. Auf halber Höhe rechts abwärts bis zur Lehrtafel, dann halb links durch ein Schutzgatter. Am anderen Ende der Umzäunung wieder durch ein Gatter. Ab hier windet sich der Weg durch Mischwald aufwärts. Bis zu einem Granit- bzw. Quarzitblock, dort links zum Schutz- und Rastplatz Victoriatempel (400 m) mit herrlichem Ausblick auf Kronberg und die Mainebene.

Victoriatempel - Kronberg - ¾ Std. - Zurück bis zum Quarzitblock, hier geradeaus abwärts mit [Schwarzem Punkt] und [Hirschkopf], bis ein Fahrweg kreuzt. Diesen rechts abwärts, jetzt den Markierungen [Hirschkopf] und [Grüner Balken] folgen, die **(!)** beide nicht gleich zu erkennen sind. An einer Weggabelung links in den Bürgelstollen-Weg, der zum (verschlossenen) Eingang des Bürgelstollens führt. Der Weg mündet an der Haltestelle Bürgelstollen in eine Teerstraße. Diese entlang gehen, vorbei am rechts liegenden Schwimmbad bis zu einer Straße, die hier für ein Stück parallel zur B 455 verläuft. Etwa 250 m links und dann rechts durch die Unterführung in die Hainstraße. Dieser stadteinwärts folgen. Auf dem Weg passiert man das schmiedeeiserne Tor des Schlosses Friedrichshof. Hier lohnt sich ein Rundgang durch den englischen Park des Schlosses mit seinem prächtig angelegten Rosengarten. Am Ende der Hainstraße gelangt man rechts durch die Doppesstraße in die Friedrich-Ebert-Straße.

Kronberg mit Burg, Blick von Mammolshain

TOUR
09

Tillmannsweg - NSG Reichenbachtal - Fuchstanz - Großer Feldberg - Kleiner Feldberg - Tillmannsweg

13 km

4 Stdn.

Charakteristik - Eine zünftige Wanderung durch typische Hochtaunusforste - ein Klassiker im Bereich des Großen Feldberges mit teilweise kräftigen Steigungen und Abstiegen. 440 Höhenmeter.
Anfahrt - A 66, Abfahrt Königstein, weiter B 8 Richtung Königstein, Glashütten. - Bahn von Frankfurt Hbf./Frankfurt-Höchst bis Königstein Bahnhof, von dort mit Bus 501, 502 und 511 bis Friedhof, 500 m aufwärts bis rechts P.
Parken - P Tillmannsweg gegenüber und 500 m oberhalb des Friedhofs, rechts von der B 8.

Königstein (350 m) - Heilklimatischer Kurort mit Bädern, Sanatorien und Kurpark sowie Einkaufszentrum und zahlreichen Villen. Am Ende der Hauptstraße steht das Alte Rathaus mit Fachwerkgeschoss und Torbogen, in dem sich heute das Stadtmuseum befindet. Gegenüber ist ein altes Fachwerkhaus von 1592 zu sehen. Am Burgweg, dem Aufstieg zur Burgruine (die Wehrburg wurde in der Stauferzeit gegründet, später erweitert) mit innerem und äußerem Burghof, tunnelartigem Torweg und 34 m hohem Bergfried (AT) liegen das Luxemburger Schloss und das Amtsgericht. Hinter dem Torbogen rechts in der Kirchstraße lohnt die St.-Marien-Kirche mit sehenswerten Skulpturen einen Besuch.
Tillmannsweg - NSG Reichenbachtal - Fuchstanz - gut 1 Std. - Vom P bei der Wandertafel mit Markierung [Grünes Eichblatt] abwärts, Querweg links, später Wegweiser [Fuchstanz] bis zum Teich. An der Gabelung vorbei an Tafel [NSG Reichenbachtal] geradeaus **(!)** ([Grünes Eichblatt] biegt rechts ab) aufwärts mit [Schwarzem Rechteck mit Spitze]. Mit diesem Zeichen stetig aufwärts zum
Fuchstanz - Das Waldgasthaus - Sehr ruhige Lage abseits von Verkehrsstraßen mitten im Wald. Urgemütliche, holzgetäfelte Gasträume, Kachelofen, Nichtraucher-Zimmer, Gartenterrasse. Regionale und saisonale Küche, Spezialitäten: ofenfrischer Flammkuchen, Pfannkuchen, Blechkuchen, großes Kuchenangebot und Kaffeespezialitäten, Bier vom Fass. Kleiner P nur für Anlieger in der Nähe. Mittlere Preislage. - Kein Ruhetag, ganzjährig geöffnet.
Fuchstanz - P Teufelsquartier - Großer Feldberg - knapp 1 Std. - An der Wegspinne mit [Schwarzem Rechteck mit Spitze] geradeaus, Wegweiser [Tillmannsweg/Albrechtsweg]. An nächster Gabelung links aufwärts, Wegweiser [Tillmannsweg], [Schwarzes Rechteck mit Spitze]. An Kreuzung geradeaus aufwärts. Bei folgender Wegkreuzung mit [Schwarzem Winkel] und [Schwarzem Rechteck mit Spitze] gerade-

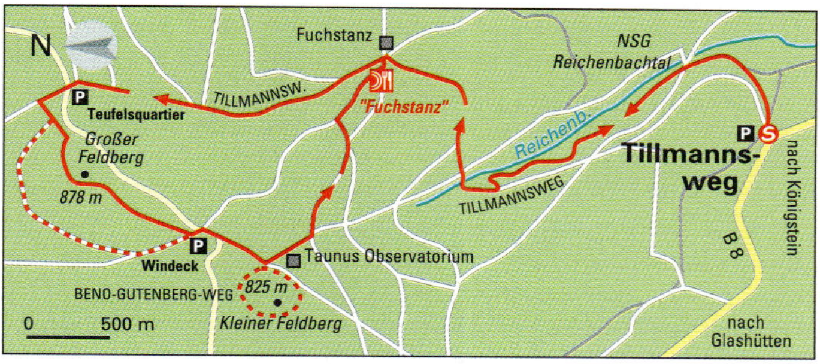

aus auf Waldweg aufwärts, später felsig und steiler. Bei Fichtenschonung geradeaus **(!)** mit [Schwarzem Winkel] aufwärts ([Schwarzes Rechteck mit Spitze] biegt rechts ab) zum P Teufelsquartier. (Beginn dieser Wanderung auch hier möglich. Anfahrt L 3004 Oberursel - Hohemark - Sandplacken, L 3024 Großer Feldberg - Rotes Kreuz oder Bus 511 Bahnhof Königstein - Oberursel - Hohemark). Straße überqueren **(!)**, Wegweiser [Großer Feldberg], Markierung [Schwarzer Winkel]. An Wegkreuzung mit Wegweiser [Gipfel 0,4 km] und [Schwarzer Winkel] aufwärts direkt zum Gipfel oder **(!)** an nächster Kreuzung rechts mit Markierung [Schwarzer Hirschkäfer] und Wegweiser [Kleiner Rundweg 1,6 km] fast eben zum P Windeck. Unterwegs schöner AP auf Oberreifenberg mit Burgruine.

Großer Feldberg (878 m) - Brunhildisstein, 15 m breites Felsriff, Gebäude der Telekom mit Fernmeldeturm, 87 m hoch, erbaut 1937, heute unter Denkmalschutz, Sender von ARD/ZDF u.a. Abgespannter Stahlmast des HR 3, 116 m hoch. Daneben Selbstversorgerhütte des Taunusklubs mit Aussichtsturm, 40 m hoch, erbaut 1902, Besteigung gegen kleines Entgelt. Herrlicher Panorama-Blick möglich auf die Rhein-Main-Ebene und alle Mittelgebirge im Umkreis. Bei P links Vogelwarte Falkenhof mit Falknerei, im Sommer täglich 14 Uhr Freiflugvorführungen, wetterabhängig. Feldbergfest jährlich im August, ältestes Bergturnfest im deutschsprachigen Raum seit 1844, durch August Ravenstein begründet.

➡ Großer Feldberg - P Windeck - Taunus-Observatorium - Fuchstanz - 1 Stdn. - Beim Falkenhof mit [Gelbem Balken] geradeaus steil abwärts, vorbei an DRK Bergwacht zum P Windeck. (Beginn der

Wanderung auch hier möglich, siehe P Teufelsquartier). Straße geradeaus überqueren und weiter mit [Gelbem Balken] geradeaus. Nach 10 m **(!)** rechts, **(!)** Wegweiser [Kleiner Feldberg]. Nach 500 m Taunus-Observatorium. - Hier Beginn des 1 km langen Rundweges um den Kleinen Feldberg, 825 m, Wegweiser [Beno-Gutenberg-Weg] rechts; zusätzlich 15 Min. - Mit [Gelbem Balken] an Gabelung links **(!)** steil abwärts. Am ersten Querweg (grüner Weg) links auf Schotter, Markierung [TH 3] (nur [Gelber Balken] führt hier weiter geradeaus). An nächster Gabelung links **(!)**, Wegweiser [Fuchstanz 700 m], Markierung [TH 3] auf Schotter weiter abwärts bis Querweg, rechts **(!)** abwärts bis zum Fuchstanz (ab hier eine weitere Wandermöglichkeit über Pflasterweg zum Altkönig (798 m, keltische Ringwälle) und zurück; ca.1 Std. zusätzlich).

➡ **Fuchstanz - P Tillmansweg** - 45 Min. - Auf dem breiten Tillmansweg 3,2 km leicht aber stetig abwärts, vorbei an Jösch-Hütte und zurück zum P Tillmannsweg in der Nähe der B 8.

TOUR **10**

Idstein - Dasbach - Heftrich - Idstein

15 km

4 Stdn.

Charakteristik - Diese Wanderung führt durch zwei Orte mit alten Stadtrechten und historischem Kern, entlang an Bachläufen und auf einem alten römischen Baudenkmal, dem Limes. - Eine Verkürzung auf 13 km (Gehzeit gut 3 1/2 Stdn.) ist möglich.
Anfahrt - A 3 Frankfurt - Köln, Ausfahrt Idstein. - B 8 Königstein - Limburg, über Esch. - B 275 Taunusstein - Bad Nauheim. - B 417 Wiesbaden - Limburg. - Bahnhof an der Strecke Frankfurt - Limburg.
Parken - P Bahnhof Idstein und andere P in Idstein.

✪ **Idstein** - Das Wahrzeichen und älteste erhaltene Bauwerk der Stadt ist der Hexenturm, der in mehreren Bauabschnitten um 1170, um 1240 und um 1500 errichtet wurde. Seine heutige Gestalt erhielt er 1810. Die »gute Stube« Idsteins ist der König-Adolf-Platz, der von Fachwerkhäusern eingerahmt wird, u. a. vom 1615 erbauten Killingerhaus mit dem Stadtmuseum und der Tourist-Information, dem Schiefen Haus, einem viergeschossigen Fachwerkgebäude von 1727, und dem Rathaus, in dem einst neben den Amtstuben auch Räume für die Feuerspritze und die Mehlwaage, ein Wachtlokal mit Arrestzelle, eine Wohnung für den Stadtdiener und der Getreidespeicher untergebracht waren. Mit dem Rathaus ist die ehemalige Burganlage verbunden. Im Torbogengebäude bildet heute das Trauzimmer den feierlichen Rahmen für das standesamtliche Ja-Wort. Das im Renaissancestil erbaute Residenzschloss beherbergt heute die Pestalozzi-Schule. In der um 1340 errichteten ev. Unionskirche sind 38 Gemälde im Stil der Rubens-Schule zu sehen.

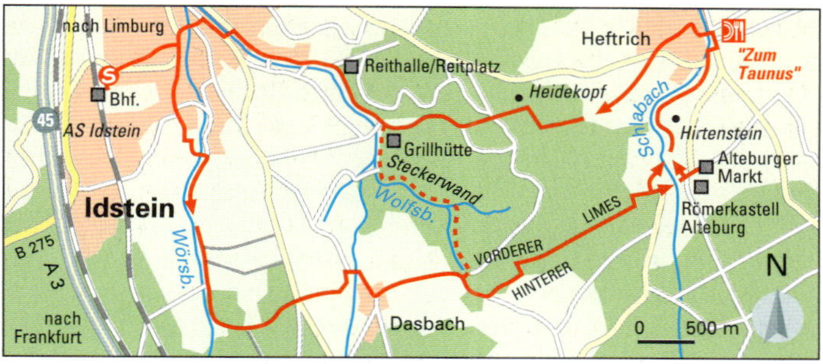

Idstein - Dasbach - Heftrich - 2½ Stdn. - Ab Bahnhof mit [Rotem Balken] Straße Am Bahnhof rechts abwärts, Wiesbadener Straße geradeaus, nach 100 m Friedensstraße links, sofort Bahnhofstraße rechts abwärts bis Wiesbadener Straße (links Zentrum, 250 m). Diese überqueren, Veitenmühlweg halb rechts, am Kalmenhof vorbei, Grunerstraße geradeaus bis Hof Gassenbach. Links um diesen herum, wieder links den Wörsbach überqueren, Südtangente unterqueren, rechts am Wörsbach entlang. Am Waldrand Limesweg mit Markierung [Wachturm] geradeaus **(!)**, auf der Höhe (360 m) Landstraße überqueren, 20 m rechts **(!)**, dann Feldweg vor der Römerturm-Rekonstruktion links abwärts Richtung Dasbach (320 m). Straße An der Struth rechts aufwärts, Kirchstraße links abwärts (links Dorfkirche, daneben Altes Backhaus). Am Dorfende geradeaus aufwärts **(!)** bis zum Wald, rechts. - Eine kürzere Route verläuft von Idstein bis zur Grillhütte am Wolfsbach analog zum Rückweg Heftrich - Idstein, s. u. Dann rechts mit [Rotem Balken] zwischen Steckerwand und Wolfsbach (rechts), an drei Fischteichen vorbei. Nach gut 1 km den Bach rechts überqueren, weiter bis zum Fahrweg rechts, bis zum Waldrand, dann links. - Mit [Rotem Balken] am Waldrand entlang, dann mit Markierung [Wachturm] kurzes Stück aufwärts durch den

Fachwerkbauten auf dem König-Adolf-Platz

Wald, dann links am Waldrand entlang. Hinteren Limes im Wald links überqueren, nach 100 m auf dem Vorderen Limes rechts, immer geradeaus aufwärts und abwärts bis Waldrand rechts, den Schlabach überqueren und schmalen **(!)** Talweg links abwärts. - Ein Abstecher führt geradeaus aufwärts mit Markierung [Wachturm] und rechts über die Landstraße Heftrich - Lenzhahn zum Alteburger Markt unter Linden (350 m) in der Nähe des Limeskastells Alteburg (ca. 100-250 n. Chr., nicht sichtbar), der an drei Donnerstagen im Jahr (nach Pfingsten, Jacobus und Bartholomäus) stattfindet. Zurück zur Einmündung des Limeswegs in die Landstraße, dort auf Wiesenweg rechts abwärts bis zum Schlabach-Talweg, rechts. - Den Bach am Hirtenstein (Grillhütte) zweimal kreuzen und auf Fußweg, am Sportplatz (links) vorbei, nach Heftrich. Landstraße Idstein - Heftrich überqueren, auf Pfad zur Raiffeisenstraße rechts aufwärts, Alteburger Straße links bis zum

Gasthaus-Pension-Metzgerei Zum Taunus - Ein gemütliches, zünftiges Dorfgasthaus mit Biergarten. Die gutbürgerliche, vielseitige Mittags-, Menü- und Vesperkarte bietet u. a. Fleischspezialitäten (Grillteller, Holzfällersteak, Kesselfleisch) aus der eigenen Metzgerei sowie Wild, Lamm und Fisch, dazu selbst gekelterten Apfelwein. Kinderteller. Mittwochs ist Schnitzeltag. Zweimal monatlich gibt es Sonntags-Brunch. Günstige Preise. - Ruhetag = Di.

Heftrich - Idstein - gut 1 ½ Stdn. - Vom Gasthaus Zum Taunus auf der Langgasse links abwärts mit [Schwarzem Dreieck] und rechts aufwärts, an Ev. Kirche (links) und Rathaus (rechts) vorbei, das Dorf durchqueren. Landstraße Idstein - Heftrich schräg rechts überqueren, auf geteertem Feldweg bis zum Wald, geradeaus [ohne Markierung] 300 m in den Wald. Dann rechts 200 m mit [Grünem Balken] und kurz vor dem Heidekopf (420 m) Waldfahrweg links abwärts. An Wegspinne auf Waldweg geradeaus abwärts, an Kreuzung Fahrweg geradeaus. Über den Waldbach, abwärts bis zur Weggabelung, an der Grillhütte rechts mit [Rotem Balken]. Am Wolfsbach (links) entlang, an Reithalle/Reitplatz links 30 m und rechts Schützenhausstraße bis Idstein. Escher Straße geradeaus bis Fußgängerüberweg, dann Kreuzgärten links abwärts, Weiherwiese rechts bis zum Neuen Marktplatz. Hier Himmelsgasse links, Rodergasse geradeaus, Wiesbadener Straße links und zurück zum Bahnhof.

TOUR
11

12½ km

3¾ Stdn.

Oberems - Weilsberg - Rotes Kreuz - Niederreifenberg - Zacken - Oberems

Charakteristik - Die Route verbindet das Emstal mit dem Weiltal über den Weilberg-Sattel am Fuß des Großen Feldbergs und entlang des Limes. Für die mittleren Anstiege und teilweise schroffen Abstiege entschädigen herrliche Ausblicke. Am Ortsrand von Glashütten-Oberems kann man den Betrieb auf dem Segelflugplatz beobachten.
Anfahrt - B 8 Limburg - Königstein oder B 275 Usingen - Idstein, dann Richtung Glashütten-Oberems. - Von Frankfurt/Main-Südbahnhof U 3 bis Hohemark, dann mit Bus 503 und 504 über Oberems-Kittelhütte zur Haltestelle Oberems Am Pol. - Von Frankfurt/Main-Hauptbahnhof Zug R 12 nach Königstein im Taunus, von dort mit Bus 504 zur Haltestelle Oberems Am Pol.
Parken - Großer Gäste-P beim Gasthaus-Hotel-Pension zum Deutschen Haus.

Gasthaus-Hotel-Pension zum Deutschen Haus - Rustikal und gemütlich eingerichtet - auch für große Gesellschaften. Kaffeeterrasse. Die bekannt gute Küche bietet Schnitzel, Braten, Steaks, frische Wildgerichte und Forellen. Auch Vesper. Eigene Schlachtung. Spezialität: eine Karre Mist! Mittlere Preise. - ÖZ: Sa., So. und Fei. ab 11 Uhr durchgehend warme Küche, sonst 11-14 und ab 17 Uhr. - Ruhetag = Mo.
Oberems - Weilsberg - Rotes Kreuz - gut 1½ Stdn. - Vom Deutschen Haus die Frankfurter Straße und Hauptstraße geradeaus bis Eckgasse, rechts mit [Schwarzem Balken], an der Gabelung links aufwärts, Friedhofstraße. Dann Sandweg bis Querweg Am Eichpfad, links mit [Schwarzem Balken] und [Hirschgeweih], am Waldrand geradeaus und am Hs. Nr. 3 rechts aufwärts in unregelmäßigem Zickzack bis zur Höhe (600 m). Am Wegweiser [Hühnerstraße] rechts ab, etwa 1½ km mit

[Hirschgeweih] und [Schwarzem Kreis]. Bei der Wegspinne halb rechts bis zum Wegweiser [Großer Zacken]. Ausblicke auf Reifenberg mit seiner Burgruine. Mit [Hirschgeweih] geradeaus **(!)**, um den Weilsberg bis zum Roten Kreuz (668 m) schräg rechts gegenüber der Landstraße Königstein - Schmitten.

Rotes Kreuz - Römerkastell Feldberg - Niederreifenberg - ¾ Std. - Straße überqueren und links neben der Feldbergstraße auf der Limesstraße mit Markierung [Wachturm] 100 m, dann rechts ab, über den Limes **(!)** bis zum linker Hand gelegenen Römerkastell Feldberg (100 n. Chr.) mit umfangreichen Infotafeln und großflächigen Ausgrabungen. - Hier Abstecher nur 200 m rechts aufwärts mit [T und X] zur Weilquelle (740 m) möglich. - Sonst gut 500 m geradeaus mit [Wachturm] bis zum Weg mit [Spitze], links abwärts, über den doppelten Limes und die Ski- und Rodelbahn. Schöner Blick über die weite Landschaft und zurück auf den Feldberg-Gipfel mit Turm. Dann auf dem Limesweg scharf links, etwa 300 m im Wald und dann rechts **(!)**. Weiter über Brachland (links NSG) im Zickzack, an der Bildungs- und Familienerholungsstätte links abwärts in die Straße Zur Weilquelle mit dem

Landgasthof Weilquelle Eins - Ein beliebtes Ziel für Jung und Alt unter kreativer Leitung. Renovierte Gästezimmer laden zu einem längeren Aufenthalt ein. In der rustikalen Gaststätte, im hellen freundlichen Speiseraum und im großen Biergarten wird einfallsreiche deutsche Küche geboten, auch saftige argentinische Steaks sowie Vesper und kleine Gerichte. Gutes Preis-Leistungs-Verhältnis. - ÖZ: Mo., Di., Do. ab

17 Uhr, Fr., Sa. ab 12 Uhr, So. ab 11 Uhr (für Gruppen auf Anmeldung auch außerhalb der ÖZ). - Ruhetag = Mi.

Niederreifenberg - Zacken - Oberems - 1 ¼ Stdn. - Rechts in die Brunhildestraße, nach 100 m links mit Markierung [Spitze], am Sportplatz (links) aufwärts durch ein Neubaugebiet, auf der Höhe nach links, vor dem Wald nach rechts, um umzäuntes Haus (rechts Bildstock). Sofort rechts abwärts und nach 200 m vor Friedhof im Tal links, mit [Schwarzem Punkt] steil aufwärts **(!)** am Rande eines Windbruchgebietes. Fahrweg überqueren, geradeaus aufwärts und auf oberem Weg zur Hühnerstraße (650 m). Hier halb links mit [Schwarzem Punkt und Kreis] bis zum Wegweiser [Großer Zacken], dann rechts steil abwärts immer mit [Leerem Rechteck], vorbei an den Spitzen der steilen Felsklippen mit grandiosem Fernblick, bis zum ebenen Fahrweg. Dann scharf rechts, vorbei am Klippenfuß und später links im Zickzack abwärts. Bei den ersten Häusern Emstalweg (Wegweiser) geradeaus. Am Eichpfad geradeaus, dann Sandweg links abwärts **(!)**. Friedhofstraße geradeaus bis zur Gabelung Eckgasse, halb rechts, Hauptstraße links, Frankfurter Straße geradeaus bis zum Gasthaus-Hotel-Pension zum Deutschen Haus.

TOUR **12**

1 Std.

Oberursel - Historischer Stadtrundgang

Anfahrt - A 5 Frankfurt - Gießen, am Bad Homburger Kreuz auf die A 661, Ausfahrt Oberurusel. - L 3003 von Bad Homburg vor der Höhe. - B 455 von Kronberg im Taunus. - Von Frankfurt S 5, Haltestelle Oberursel, oder U 3, Haltestelle Oberursel Stadtmitte.
Parken - (P) Stadthalle (Ausgangspunkt des Rundgangs), (P) Holzweg (Nähe Alt-Oberurseler Brauhaus) oder (P) Cityparkhaus.

Oberursel - Vorbildlich sanierte Fachwerkhäuser, malerische Gassen und lauschige Höfe prägen den Rundgang durch die »Stadt der Brunnen« am Fuße des Taunus.

Aus der Geschichte - 791 erste urkundliche Erwähnung als Siedlung »Ursella«. Der Urselbach und ein von ihm abgezweigter Werk- oder Mühlbach bieten bereits im frühen Mittelalter Händlern und Handwerkern gute Voraussetzungen zur Ansiedlung. - 1444 werden die Stadtrechte verliehen. In der Folge erhält die Stadt Befestigungsanlagen. - Zu Beginn des Dreißigjährigen Krieges wütet die Pest. Im weiteren Verlauf wird die Stadt zweimal durch Söldnertruppen verwüstet (1622 und 1645). Die Handwerksbetriebe am Urselbach fördern jedoch die wirtschaftliche Erholung. - Am Ende des 19. Jh. werden hier etwa 25 Mühlen angetrieben. - Durch Eingemeindungen wächst die Einwohnerzahl auf heute ca. 43500. Im Jahr 2011 findet der Hessentag in Oberursel statt.

Der Rundgang - Ausgangspunkt an der Stadthalle, Korfstraße rechts. An der Ecke Hospitalstraße das 1) Alte Hospital. Aus einer alten

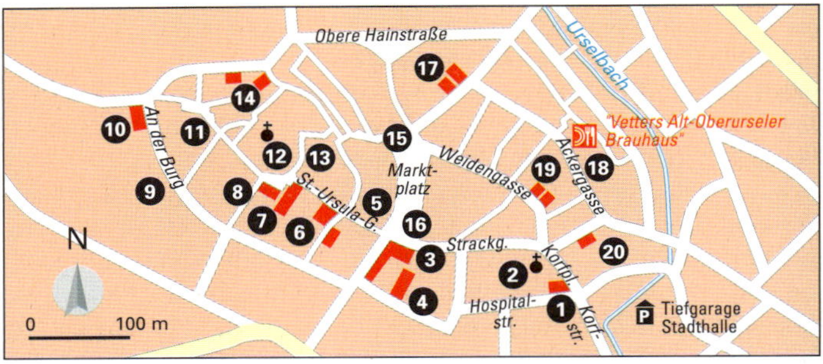

Bürgerstiftung 1668 errichtet, 1851 Erweiterungsbau, heute Seniorentreffpunkt und Elternberatung. - Korfplatz geradeaus zur 2) Hospitalkirche. 1720-1728 aus Mitteln des Hospitalfonds erbaute Kapelle der Hl. Barbara. Prächtiger Hochaltar und künstlerisch bedeutende Figurengruppe aus der Erbauerzeit. Strackgasse links. Links **(!)** durch den Torbogen in den Innenhof des 3) Vortaunusmuseums mit Dauerausstellung zur Stadtgeschichte, Wechselausstellungen, Veranstaltungen. - Treppe hinauf zum 4) Stadtarchiv. 1826 als Brauhaus erbaut. Hier werden originale Oberurseler Drucke aus dem 16./17. Jh. und eine Bestätigungsurkunde von 1633 über die Verleihung der Stadtrechte im Jahre 1444 aufbewahrt. - Zurück zur Strackgasse, an der Ecke des Marktplatzes 5) Historisches Rathaus mit Ratsherrensaal, Zimmer für den Stadtschreiber und Arrestlokal »Betzelkammer«. Um 1481 auf Resten eines gotischen Stadttores erbaut, nach zweimaliger Zerstörung im Dreißigjährigen Krieg Wiederaufbau 1658. - Durch das Tor in die St.-Ursula-Gasse. An der Kreuzung 6) Haus Hollerberg 10. Erbaut 1824/25, bis 1877 Schulhaus, 1895-1932 Stadthaus. - Hollerberg weiter, dann rechts zum 7) Realbauernhof. Erbaut um 1630, 1678 erweitert, 1862-1877 Realschule. - Weiterhin durch die St.-Ursula-Gasse. Am Kirchhof bildschönes 8) Fachwerkensemble aus dem 17. Jh. - Marienstraße weiter, dann rechts entlang

Altes Rathaus und Obere Marktplatzstraße in Oberursel

der 1446-1455 erbauten 9) Stadtmauer mit Schalenturm, ursprünglich mit Wehrgang. - 10) An der Burg 2, 4 und 6. Hs. Nr. 2 war im 15. Jh. im Besitz der Grafen von Eppstein. - Obergasse rechts, St.-Ursula-Gasse rechts. 11) St.-Ursula-Gasse 5. Fachwerkhaus aus dem 17. Jh. - 12) Stadtkirche St. Ursula. Erbaut im 14./15. Jh., nach Brand 1645 wieder hergestellt. Reste spätgotischer Glasmalereien. Der Turm wurde 1479-1498 als Wacht- und Glockenturm »Hohe Wacht« erbaut. - Hinter dem Chor das 13) »Hexetreppche« hinab. Dann Hollerberg links. Links die 14) Herrenmühle. Älteste Mühle der Stadt, 1717 in Stein neu erbaut. - Kurz am Werkgraben entlang, Obere Hainstraße rechts. Durch die Wiederholtstraße rechts zum Marktplatz. - Der 15) Malerwinkel bietet einen besonders schönen Blick zur St.-Ursula-Kirche. - 16) Marktplatz. Mittelpunkt der Altstadt mit Fachwerkbauten des 17. Jh. und St.-Ursula-Brunnen. - Weiter durch die Eppsteiner Straße. - 17) Eppsteiner Straße 11 und 13. Hübsche Fachwerkhäuser (17. Jh.). Ackergasse rechts zum 18) Barockpalais (Pfeiffsches Haus). 1726 erbaut, bis ca. 1767 Herrensitz des Mainzer Hofkammerrates Pfeiff, seit ca. 200 Jahren Gasthaus. Beachtenswerte Treppe und Stuckdecken. Heute kann man hier einkehren in

Vetters Alt-Oberurseler Brauhaus im Deutschen Haus - Hessens einziges Brauhaus mit eigenem Standesamt (!) erzeugt 16 Biersorten und Saisonspezialitäten und bietet in gemütlichen Gasträumen und im lauschigen Biergarten gutbürgerliche Gerichte mit saisonalen Akzenten, auch Kinder- und Seniorenteller, Vegetarisches und günstige Mittagsmenüs. Barocker Hochzeitssaal, Gewölbekeller, Brennbar mit Schnaps-Destillationsanlage. Alle Biere und Destillate auch zum Mitnehmen. Veranstaltungen, Brunch, Gruppenangebote (z. B. Keltenmahl, Brauereiführungen). - ÖZ: Mo.-Do. 11-24 Uhr, Fr. und Sa. 11-1 Uhr, So. 10-23 Uhr.

Fortsetzung des Rundgangs - Schlenkergasse rechts, Weidengasse links. 19) Weidengasse 9. Im Hinterhaus befand sich die Synagoge oder Judenschule, wegen Baufälligkeit 1962 abgebrochen. Geradeaus weiter. Links 20) Strackgasse 4. Um 1670 mit aufwändigem Fachwerk und Schnitzereien erbaut, 1976/77 Fassadenrestaurierung in den ursprünglichen Farben. - Über Korfplatz, Korfstraße zurück zum Ausgangspunkt.

TOUR
13

Oberstedten - Bad Homburg - Gotisches Haus - Oberstedten

12½ km

3 Stdn.

Charakteristik - Rundweg im Einzugsgebiet der Stadt Bad Homburg, trotzdem überrascht er mit Stille und Abgeschiedenheit.
Anfahrt - Von Bad Homburg Richtung Oberursel, nach Oberstedten, entlang der Hauptstraße aufwärts bis rechts Wegweiser [Taunushalle/Sporthalle].
Parken - Großer P an Taunushalle/Restaurant-Café »Taunusblick«.

Der Rundweg - Am »Taunusblick« über die Wiese links vom Bolzplatz, vorbei am Spielplatz, an der Asphaltstraße rechts. Im Wald geradeaus, an Abzweigung links, Kreuzallee, Wegweiser [Sportanlage Oberstedten]. Am Sportplatz-P geradeaus mit [Schwarzem Balken] aufwärts, vorbei an Forellenzucht. An der nächsten Gabelung steht oberhalb des Weges ein Obelisk aus der Römerzeit, vor Obelisk links ab. Ein paar Meter auf der Krausbäumchenschneise zur nächsten Gabelung, rechts in den Ferdinandweg. Mit Markierung [Blaue Forelle] auf Schotter aufwärts entlang des Baches Kaltes Wasser. Sumpf- und Quellengebiet durchqueren. Elisabethenschneise kreuzen. Geradeaus aufwärts [ohne Markierung], Ferdinandweg bis zur Abzweigung. Hier rechts, und [Schwarzem Keiler] auf Landgrafenweg folgen. Auf gut markiertem Weg durch schönen Eichen- und Mischwald, zunächst eben, vorbei an den Resten keltischer Ringwälle am Bleibeskopf. Blick auf die Skyline von Frankfurt am Main möglich. Jetzt leicht abwärts. Markierung [Blauer Punkt] kommt von links hinzu. **(!)** - Hier ist eine Verbindung zur Tour Nr. 18, Anspach/Wintermühle möglich, siehe dort, [Blauer Punkt] scharf links aufwärts. - Der Rundweg führt geradeaus abwärts weiter. Immer [Blauem Punkt] folgen bis Ortsanfang Bad Homburg. Vorbei am Forsthaus Güldensöllerweg, dem 1998 sanierten Jährlingsstall des Gestüts Erlenhof (Durch Ritter von Marx 1901 erbaut, 1924 vom Stahlbaron Heinrich von Thyssen-Bornemisza erworben und schließlich 1994 von der Familie Rothenberger übernommen. Das Gestüt ist ein traditionsreiches, preisgekröntes Rennpferde-Zuchtgestüt

Gotisches Haus

mit ca. 65 ha Weidefläche) bis zur Kreuzung. Rechts in Tannenwaldweg mit Wegweiser [Gotisches Haus]. Links zum

Gotischen Haus - Ehemaliges Lustschloss des Landgrafen Friedrich VI. und seiner Gemahlin Prinzessin Elizabeth, geborene Prinzessin von Großbritannien und Irland. 1823 im neugotischen Stil erbaut. Architektonisches Unikat auf deutschem Boden. Durch den frühen Tod des Landgrafen nur wenig genutzt. Heute beherbergt es das Stadtarchiv, das Stadtmuseum und das Hutmuseum. Jenseits des Gotischen Hauses der Große Tannenwald, angelegt mit Teichen, Teehäusern und verschlungenen Wegen. Ein Abstecher vorbei am Gestüt Erlenhof und der Luthereiche zum ND Marmorstein ist empfehlenswert.

Fortsetzung des Rundweges - Richtung Oberstedten, auf der Gotischen Straße geradeaus bis Saalburgstraße, hier links, Kirchstraße rechts, vor der Kirche Pfarrstraße wieder links, an der nächsten Kreuzung rechts in die Hauptstraße (schön restauriertes Fachwerkhaus). Hier aufwärts bis zur Landwehrstraße, dann rechts mit Wegweiser [Taunushalle] zum

Restaurant-Café-Biergarten »Taunusblick« - Dieses stilvoll-gemütliche Lokal in ruhiger Ortsrandlage bietet dem Gast eine umfangreiche Auswahl an leckeren Gerichten, deftigem Vesper und diversen Salaten. Deutsche und italienische Küche mit saisonalen Gerichten, z. B. Spargel, sowie Nudel- und Pizza-Spezialitäten. Selbst gekelterter Apfelwein, Fassbier, Andechser, Köpi und Weizenbier. Bolzplatz und Spielplatz nahebei. Mittlere Preislage. - Ruhetag = Fr.

TOUR
14

Kronenhof/Bad Homburg v. d. Höhe - Hölderlinpfad - Kronenhof

7½ km

2 Stdn.

Charakteristik - Der Rundweg im Einzugsgebiet der Stadt Bad Homburg v. d. Höhe besticht durch schöne Ausblicke auf Frankfurt am Main und den Taunus. Feste Wege ohne Steigungen bieten ein angenehmes Wandererlebnis.
Anfahrt - Auf der A 661, Abfahrt Oberursel-Nord, Richtung Bad Homburg, erste Ausfahrt rechts, Zeppelinstraße, bis Einfahrt rechts gegenüber Landratsamt zum Bad Homburger Brauhaus/Kronenhof.
Parken - Großer P direkt am Bad Homburger Brauhaus/Kronenhof.

Der Kronenhof - Ursprünglich war der landwirtschaftliche Betrieb unweit des Schlosses am Marktplatz gelegen und als Hoflieferant für die Belieferung »der Krone« mit landwirtschaftlichen Gütern zuständig. Der heutige Standort (im Jahre 2000 in Betrieb genommen) vor den Toren Bad Homburgs umfasst ein weitläufiges Areal und beinhaltet neben dem landwirtschaftlichen Betrieb eine Pensionspferdehaltung/Dressurausbildungsstall, das Restaurant, einen Hofladen für den Verkauf der eigenen Produkte (auch Bier und Haus-Brände) sowie ein eigenes Blockheiz-Kraftwerk, das mit selbst erzeugtem Rapsöl umweltfreundlich betrieben wird und Strom und Wärme für den gesamten Komplex erzeugt.
Bad Homburger Brauhaus »Graf Zeppelin« - Großes Restaurant mit integrierter Bierbrauerei. Die Braugerste wächst auf den eigenen Feldern und wird in der Rhön zu bestem Braumalz verarbeitet. Die beiden kupfernen Sudkessel zieren die Mitte der Gaststube, außerdem gibt es weitere Veranstaltungsräume und die Tenne mit ihrer außergewöhnlichen Konstruktion. Zünftige Einrichtung in urgemütlicher Atmosphäre. Biergarten für über 300 Personen. Bier- und Brauseminare, kulturelle Veranstaltungen, Kutschfahrten. - ÖZ: Tägl. 11-23 Uhr. Kein Ruhetag.

Der Hölderlinpfad - »Komm! ins Offene, Freund...« Imaginärer Weg, den Johann Christian Friedrich Hölderlin (1770-1843) zwischen 1796 und 1800 von Bad Homburg v. d. H. nach Frankfurt am Main und zurück so oft durcheilt sein mag, um seinen Freund aus gemeinsamen Studienzeiten in Tübingen und Jena, Isaac von Sinclair, in Bad Homburg bzw. seine Geliebte Susette Gontard, seine »Diotima«, in Frankfurt zu treffen. Hölderlin war von 1796 bis 1798 Hauslehrer bei der vermögenden Familie Gontard und verliebte sich in die Hausherrin, worauf ihm die Stelle gekündigt wurde. Heute führt der 22 km lange Weg vom Sinclair-Haus in Bad Homburg v. d. H. zum Goethe-Haus im Großen Hirschgraben in Frankfurt am Main. Er ist Teil des Regionalparks Rhein-Main und verbindet den Frankfurter GrünGürtel mit dem Regionalpark Taunushang. Weitere Infos auf www.gruenguertel.de

Der Rundweg - Direkt vor dem Kronenhof liegt der Zeppelinstein, der an den 22.4.1910 und die von Kaiser Wilhelm II. veranstaltete Luftschiffparade mit den damals größten Luftschiffen »Graf Zeppelin«, »Parseval« und »M 1« erinnert. Fotos von diesem Ereignis und zur Zeppelingeschichte findet man im Bad Homburger Brauhaus »Graf Zeppelin«. Den Kronenhof im Rücken, rechts, vorbei an Reitanlage mit dem Wegweiser [Hölderlinpfad], immer auf Beton bis zur ersten Kreuzung, links zur Baumgruppe; vorbei an der »Ruhestätte für Haustiere« (der ganz besondere Friedhof, Besichtigung möglich) rechts, Wegweiser [Hölderlinpfad] folgend, Regionalpark Rhein-Main/Info-Tafeln, Sitzgruppe. Links auf neuer Allee bis vor die Unterführung, rechts über die A 661, links, jetzt auf Schotter, parallel zum Taunengraben, rechts zum ehemaligen Bergwerk Gnade Gottes (eine Lore erinnert an den Braunkohleabbau von 1830 bis 1926 mit Schacht und Stollen, in dem bis zu 40 Arbeiter beschäftigt waren). Weiter geradeaus bis zur Höhe, vorbei am Bildstock (nach links Blick zum 331 m hohen Fernmeldeturm und der Skyline von Frankfurt am Main)

Der Elisabethenbrunnen

weiter geradeaus. Vorbei am kleinen Wäldchen, an dessen Ende rechts **(!)** (nur der Hölderlinpfad führt geradeaus weiter) auf Feldweg parallel oberhalb des Kalbaches Richtung Bommersheim. Blick auf die Taunushänge mit Altkönig (798 m, keltische Ringwälle) und türmebewehrtem Großen Feldberg (879 m). Vorbei am Gedenkstein und Reiterhof nach Bommersheim bis zur Burgstraße, hier rechts bis zum Ortsrand und geradeaus in das freie Feld bis zum Taunengraben. Links bis vor die Anschlussstelle Oberursel-Nord, rechts unter der A 661 hindurch, 100 m, rechts um die Gebäude herum, auf Schotter parallel zur A 661 und nach 300 m links auf Beton. Blick auf Bad Homburg vor der Höhe mit dem Weißen Turm (Wahrzeichen der Stadt) des landgräflichen (Heinrich v. Kleist: Prinz von Homburg)/später kaiserlichen Schlosses und der Erlöserkirche und geradeaus zurück zum Kronenhof/Bad Homburger Brauhaus »Graf Zeppelin«.

➡ Weitere Wanderungen - Auf einem Teilstück des Hölderlinpfades vom Kronenhof durch Kalbach nach Bonames und zum ehemaligen Flugplatz (heute Biotop) an der Nidda. Hin und zurück 17 km, gut 4 Stdn. Ebene Strecke.

TOUR **15**

Römerkastell Saalburg - Archäologischer Park

2 Stdn.

Charakteristik - Der Rundgang durch das Museum mit einer einzigartigen Sammlung von Ausgrabungsfunden aus der Römerzeit sowie der Weg entlang des Limes, der ehemaligen Grenze des Römischen Reiches, ist ein Muss für jeden Wanderer im Taunus. In exponierter Lage, eingerahmt von herrlicher Landschaft, ist das Römerkastell Saalburg Ausgangspunkt für viele schöne Wanderungen.
Anfahrt - Von Bad Homburg B 456 Richtung Usingen. - Täglich mehrere Busverbindungen von Bad Homburg.
Parken - Großer P direkt an der Saalburg.

Zur Geschichte - Seit der Regierungszeit Kaiser Vespasians (69-79 n. Chr.) befand sich das Gebiet nördlich von Frankfurt unter römischem Einfluss. Im Zusammenhang mit der Errichtung des Limes, der Grenze des Römischen Reiches zu den Stammesgebieten der Germanen, entstanden vermutlich Anfang des 2. Jh. n. Chr. die ersten Anlagen auf dem Saalburgpass. Zwei Schanzen zeichnen sich noch im Gelände östlich der Saalburg ab. Sie sind im Zusammenhang mit der Bewachung und Organisation des Grenzverkehrs am nahe gelegenen Limesdurchgang zu sehen. Ein erstes Kastell mit einer Umwehrung aus Erde und Holz beherbergte einen sog. Numerus, eine Einheit von ca. 120 bis 160 Soldaten. Um 135 n. Chr. wurde dieses Kastell von einem größeren Kastell abgelöst, in dem eine Kohorte mit 500 bis 600 Mann stationiert war. Die

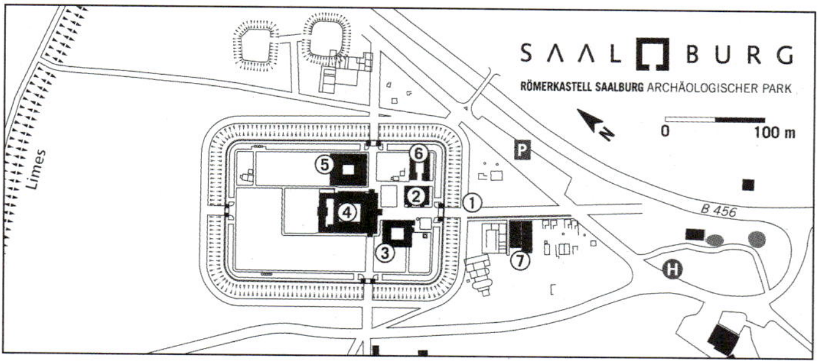

Umwehrung war zunächst eine Holz-Stein-Konstruktion mit im Inneren liegenden Holzbauten. In der zweiten Hälfte des 2. Jh. wurden sowohl die Umwehrung als auch ein Teil der Innenbauten in Stein ausgebaut. Nach verlustreichen Kämpfen der Römer mit den Germanen wurde um das Jahr 260 n. Chr. der Limes aufgegeben. Das Kastell und das vorgelagerte Dorf verfielen und wurden als Steinbruch benutzt. Kaiser Wilhelm II. veranlasste den Wiederaufbau in den Jahren 1897 bis 1907. 2003 begann mit der Rekonstruktion weiterer Gebäude der Ausbau zu einem archäologischen Park. Seit 2005 gehört der Limes, und damit auch die Saalburg, zum UNESCO-Welterbe.

Der Rundgang im Kastell - Das Kastell ist von einer Wehrmauer mit zwei vorgelagerten Spitzgräben umgeben. Der Rundgang beginnt am 1) Haupttor beim Kaiserstandbild. Zehn Schritte hinter dem Haupttor steht rechts das 2) Horreum, der einstige Getreidespeicher, der die Truppen vom Nachschub unabhängig machen sollte. Vor dem Horreum steht die Büste des Architekten des Saalburgmuseums, des Geh. Baurats Prof. Louis Jacobi. Heute ist das Horreum als Museum eingerichtet, in dem Gerätschaften des täglichen Lebens und Waffen ausgestellt sind. Dies sind Originalfunde von der Saalburg und anderen Limeskastellen im Taunus. Links vom Horreum befindet sich das 3) Praetorium (Institutsgebäude), in dem die Verwaltung des Museums und das Forschungsinstitut untergebracht sind. Früher diente dieses Gebäude dem Chef der 2. Raeterkohorte als Wohnung. Zwischen Horreum und Praetorium führt eine Straße zum Mittelgebäude. Eine Querstraße verbindet beide Seitentore des Kastells. Die große Eingangshalle des Mittelgebäudes 4) Principia diente im Altertum als Versammlungshalle für die Besatzung. Um den Innenhof mit einem offenen Umgang gruppieren sich Museumsräume, die früher als Amtsräume, Schreibstuben und Waffenkammern genutzt wurden. In der Mitte der rückwärtigen Raumfront liegt das Fahnenheiligtum, das aufwändig rekonstruiert und ausgemalt ist. Es war

Das Römerkastell Saalburg

den Schutzgöttern und dem Kaiserkult geweiht. Daneben ist ein Speisezimmer mit der Inszenierung eines Gastmahles rekonstruiert. Die Wände schmückt die berühmte Wandmalerei aus Echzell. Ein weiteres Museumsgebäude, die 5) Fabrica, ist einem antiken Handwerkerbau nachempfunden. Einen Eindruck von der Unterkunft der einfachen Soldaten vermittelt eine rekonstruierte Stube in den wieder aufgebauten 6) Mannschaftsbaracken. In diesem Bereich befindet sich das Museumscafé Taberna (ÖZ: März bis Oktober: Täglich außer Mo. 10-18 Uhr, November, Dezember, Februar: Täglich außer Mo. 12-16 Uhr. An Feiertagen auch Mo. geöffnet. Geschlossen: Januar (Betriebsferien) sowie 24. und 31.12.) mit römischem Flair, in dem es auch nach antiken Vorbildern rekonstruierte Einrichtungsgegenstände zu sehen gibt.

Eingangstor zur Saalburg

➡ Vor den Toren - 7) Zwei Häuser (sog. Streifenhäuser) aus dem Vicus, der ehemaligen zivilen Siedlung, sind im Bereich vor dem Haupttor rekonstruiert. Sie dienen heute als Kasse und Museumsshop.

➡ Um das Kastell herum - Hinter dem Kastell befindet sich ein gut erhaltener Limesabschnitt mit Wall und Graben. Hier wurden an einem historischen Durchgang Teile der Befestigung rekonstruiert. Neben diesem Bereich gibt es im Gelände um die Saalburg herum weitere Rekonstruktionen archäologischer Denkmäler aus der römischen Epoche und der Zeit des Wiederaufbaus. Sie erschließen sich dem Besucher auf dem 2,4 km langen »Rundweg Saalburg«.

✪ Allgemeine Informationen - Für den geschichtlich interessierten Besucher bietet das Saalburgmuseum umfangreiches Informationsmaterial. Es finden vielseitige Veranstaltungen und Führungen statt. Nähere Informationen unter www.saalburgmuseum.de - ÖZ: März bis Oktober: Täglich 9-18 Uhr, November bis Februar: Täglich außer Mo. 9-16 Uhr. An Feiertagen auch montags geöffnet, am 24. und 31.12. geschlossen.

TOUR
16

Saalburg - Hessenpark - Herzberg - Saalburg

12½ km

3½ Stdn.

Charakteristik - Die Wanderung kombiniert einen angenehmen Talweg entlang des Usinger Beckens mit einem schönen Höhenweg im Vorderen Taunus, vorbei an restaurierten Baudenkmälern: dem ehemaligen Römerkastell Saalburg und dem Freilichtmuseum Hessenpark.
Anfahrt - Von Bad Homburg bzw. Usingen B 456, Abzweig Saalburg. - Von Frankfurt mit S 5 bis Bad Homburg, dann Stadtbus Linie 5.
Parken - Großer P an der Saalburg, P Silberküppel (Herzberg).

Saalburg - Hessenpark - 1 Std. - Vor dem Eingang zum Kastell (430 m) nach rechts um die Wehrmauer und den Graben herum, mit Wegweiser [Zum Pfahlgraben] abwärts zum Limes, dem ehemaligen römischen Grenzwall (83-260 n. Chr.). Über Wall und Graben hinweg setzt sich der Weg links mit [Ahornblatt] ein Stück neben dem Limes entlang fort. Die geteerte Straße überqueren und gut 2 km weiter im Wald [Unterer Hangweg] bis zur Schutzhütte (links). Hier rechts abwärts, Wegweiser [Hessenpark], mit [Schwarzem Balken] und [Ahornblatt].

Hessenpark - Das Freilichtmuseum macht mit über 100 wiedererrichteten Originalgebäuden und -höfen die Arbeits- und Lebensweisen der letzten 400 Jahre im ländlichen Hessen sichtbar. Gegliedert ist es nach fünf regionalen Bau- und Siedlungsformen wie Straßen- und Haufendorf oder Weiler. Zum Teil werden Höfe und Felder auf traditionelle Weise bewirtschaftet. Man sieht Gänse, Hühner, Ziegen (auch alte Tierrassen), und über allem ein Storchennest. Eindrucksvoll sind auch die Windmühlen (siehe Bild) und Dorfteich. In den Handwerksbetrieben finden Vorführungen statt, etwa beim Schmied, Wagner und Korbflechter. Vor dem Museum liegt ein Marktplatz mit Amtshaus, Apotheke und Läden. - ÖZ: 1.3.-31.10. tägl. 9-18 Uhr, 1.11.-30.11. tägl. 10-17 Uhr. Führungen auf Anfrage auch außerhalb der ÖZ.

Hessenpark - Herzberg - 2 Stdn. - Am Ausgang rechts ab mit [Liegendem U] auf Teer-, dann Schotterstraße. Der Weg führt fast eben parallel zum Waldrand in einigen Windungen bis zu einem Querweg (rechts Scheune). Dann geht es links stetig aufwärts auf dem Metzgerpfad, [Schwarzer Punkt]. Bis zum Bergkamm sind drei Fahrwege zu überqueren.- Etwa 1 km rechts vom Metzgerpfad liegt unterhalb des Eichkopfs (620 m) das restaurierte Römerkastell Heidenstock mit Infotafel. - Auf dem Bergkamm biegt man nach links auf den Höhenweg mit [Tannenbaum] ein. Nach ca. 500 m auf der Höhe des Einsiedlers (606 m) Fahr-

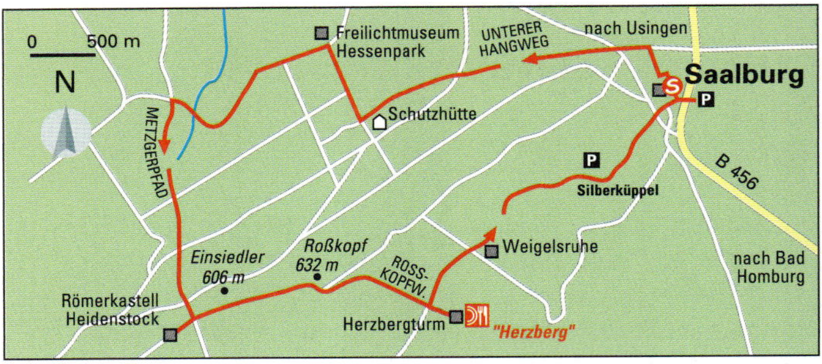

straße halb rechts verlassen und bis zur Kreuzung auf dem Roßkopf (632 m) weiterwandern. Dort biegt man mit [Tannenbaum] rechts ab und geht über den Limes, Wegweiser [Herzberg], weiter abwärts. Nach einer ebenen Strecke führt von rechts ein Fahrweg hinauf. Man geht weiter bis zur nächsten Abzweigung. Mit Wegweiser [Herzberg] auf den Fahrweg rechts einbiegen und bis zum Herzberg (591 m) weitergehen.

Berggasthof Herzberg mit Aussichtsturm - Die Gasträume sind renoviert und zünftig im Stil einer Wanderhütte eingerichtet. Von der Balkon-Veranda hat man einen herrlichen Blick ins südliche Taunus-Vorland. Hessische Spezialitäten und herzhafte Gerichte: Schnitzel, Vesperkarte, aber auch vegetarische Gerichte und Kinderteller. Fruchtweine. Kuchen. Auch für Gruppen bis zu 100 Personen stehen separate Räumlichkeiten zur Verfügung. Moderate Preise. - ÖZ: Di.-Do. 10-22 Uhr, Fr./Sa. 10-23 Uhr, Sonn- und Feiertage 10-21 Uhr. Vom 2.1.-15.3. 10-18 Uhr. Ruhetag = Mo. - Neben dem Gasthaus steht ein 26 m hoher, steinerner AT, 1910 anstelle des früheren Holzturms erbaut. Vom Hochbalkon wunderbarer Blick auf Taunus-Höhen, Wetterau und Rhein-Main-Gebiet.

Herzberg - Saalburg - ½ Std. - Man geht mit [Leerem Dreieck] ca. 200 m zurück, biegt rechts auf den Waldweg ein und nach 500 m wieder rechts auf die Fahrstraße. Hier hat man einen schönen Blick auf die gleißenden Quarzitbrüche gegenüber. An der Fünf-Wege-Kreuzung Weigelsruhe kann man halb links den Willi-Maaß-Weg mit [Leerem Dreieck] einschlagen oder geradeaus die Fahrstraße mit [Rehbock] vorbei am P Silberküppel (479 m) bis zur Saalburg hinuntergehen.

TOUR
17

Schmitten - Dorfweil - Aubachtal - Lauterbachtal - Hegewiese - Arnoldshain - Schmitten

12 km

3 ½ Stdn.

Charakteristik - Eine gut begehbare Wanderroute mit mäßigen Anstiegen, entlang dreier Bäche: Weil, Aubach, Lauterbach.
Anfahrt - B 275 Usingen - Idstein, Abfahrt Richtung Schmitten. - Von Oberursel auf der L 3004 über den Sandplacken bis Schmitten. - Vom Bahnhof Oberursel mit der U 3 bis Hohemark, von dort weiter mit Bus 50 nach Schmitten. - Mehrere Buslinien vom Bahnhof Königstein: Bus 80 direkt nach Schmitten. Bus 81 bis Königstein-Stadtmitte, dann Bus 80 Richtung Arnoldshain über Niederreifenberg. Bus 57 bis zum Sandplacken, von dort Bus 50 nach Schmitten.
Parken - Gäste-P am Café Henrich. - In der Kanonenstraße P an der Felsenkirche (Kirche St. Karl Borromäus, befristet) oder am Straßenrand. - P an der Schillerstraße Richtung Königstein (vor dem REWE-Markt, befristet).

Schmitten - Die Großgemeinde im Hochtaunus liegt am Nordhang des Großen Feldbergs und wird von der Weil durchflossen. Neben dem anerkannten Luftkurort Schmitten, der seinen Namen von ins Tal übergesiedelten Waldschmieden erhielt, gehören acht weitere Ortsteile zur Gemeinde: Ober- und Niederreifenberg mit zwei Burgruinen, Bassenheimer Barockpalais und Gertrudiskapelle mit Grabstätte des letzten Reifenberger Ritters; Arnoldshain mit der spätgotischen Laurentius-Kirche, der Akademie der Evangelischen Kirche von Hessen und Nassau und dem Alten Rathaus (heute Heimatmuseum); Seelenberg mit barocker Dorf- und Wallfahrtskirche St. Casimir; Treisberg am Fuße des Pferdekopfes (AT) mit Ruine der Wallfahrtskirche auf dem Landstein; Hunoldstal; Brombach mit dem Naturfreundehaus »Brombacher Hütte« am Fuße des Pferdekopfes; Dorfweil, 772 als »Wilina« erwähnt und damit ältester Ortsteil.

Schmitten - Dorfweil - ½ Std. - Von der Felsenkirche St. Karl Borromäus 100 m der Dorfweiler Straße mit [Schwarzem Andreaskreuz] folgen, dann am Wegweiser [Dorfweil - Brombach] links über die Weil. - Oder vom P Schillerstraße 50 m Richtung Kirche, dann links ab in die Wenzelstraße zum Beginn des Weiltalweges. Den geteerten Fußweg im Weiltal entlang bis Dorfweil. Brombacher Straße links, mit [Schwarzem Balken mit Pfeilspitze] bis zum Kriegerdenkmal (415 m).

Dorfweil - Hegewiese - 2 Stdn. - Am Denkmal die Ringstraße rechts aufwärts, dann links in die Weihergrundstraße, an der Kirche vorbei, am Ortsende geradeaus den Wiesenweg aufwärts bis zur waldfreien Höhe (457 m, AP). Dann abwärts, im Linksbogen **(!)** kurz vor dem

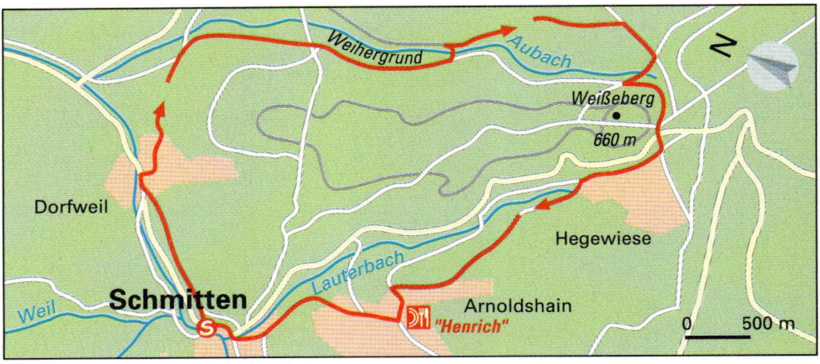

Aubach-Talgrund rechts abbiegen auf kleinen Fußweg, mit Markierung [Weißes Rechteck mit Pfeilspitze] aufwärts (oberhalb Pferdekoppel), am Waldrand entlang und durch den Wald bis zum breiten Fahrweg, diesen geradeaus. Am Ende des Weihergrundes [ohne Markierung] immer dem Fahrweg folgen (der Aubach fließt links abwärts), um den Weißeberg bis nach Hegewiese (630 m).

Hegewiese - Arnoldshain - Schmitten - 1 Std. - Nach Überqueren der Kanonenstraße (L 3004) 100 m geradeaus bis zum Ortseingang von Hegewiese. Hier rechts Straße »Am Weißen Berg« abwärts, Markierung [Schwarzer Balken]. Am Siedlungsende halb rechts Waldweg mit Wegweiser [Lauterbachtal - Schmitten] folgen, an der Gabelung links halten. Nach 10 Min. links abwärts über den Lauterbach, dann bis zur Sattelhöhe des Weges. Um die Laurentiuskirche links herum, die Kirchstraße abwärts zum Alten Rathaus von Arnoldshain und gegenüber zum Café Henrich. - Von dort nach der Einkehr zurück zum Ausgangspunkt: Taunusstraße rechts abwärts mit [Schwarzem Balken], immer geradeaus bis zur Ortsmitte von Schmitten.

Café-Pension Henrich - Das kleine Café mit der persönlichen Note bietet in gemütlichen Räumlichkeiten (Gastraum für 35 Personen, »Kolleg« für 60 Personen) und im Sommergarten eine große Auswahl an erlesenen Kuchen und Torten, süße und pikante Backwaren, Eisspezialitäten sowie kleine warme und kalte Gerichte und Suppen. Ein süßes Souvenir sind die feinen Pralinen sowie Schokoladen- und Marzipanartikel. Die ruhig gelegene Pension besitzt behagliche Doppel-, Einzel- und

Mehrbettzimmer. - ÖZ: Mo. und Mi.-Sa. 6.30-13 Uhr und 14.30-18 Uhr, So. 12.30-18 Uhr. Ruhetag = Di.

✪ Weitere Ausflugsziele rund um Schmitten - Zum Gemeindegebiet gehört der höchste Berg im Taunus, der Große Feldberg (880 m) mit Aussichtsturm und guter Fernsicht auf das Rhein-Main-Gebiet sowie die Berge des Oden- und des Westerwaldes. Dort befindet sich auch Hessens älteste Falknerei mit ca. 60 Greifvögeln, die zugleich Pflege- und Auffangstation für verletzte Vögel und Schule für Falkner ist (ÖZ: 1.4.-31.10., 10-18 Uhr, Flugvorführungen um 14 Uhr). - Ebenfalls eine schöne Aussicht genießt man vom hölzernen Turm auf dem Pferdskopf (663 m), am einfachsten zu Fuß von Treisberg oder von Schmitten aus erreichbar. - Im Ortsteil Oberreifenberg steht die Burgruine des Geschlechts der Reifenberger, vermutlich im 12. Jh. angelegt, im 14. Jh. ausgebaut. Mächtiger runder Bergfried, rechteckiger, sechsgeschossiger Wohnturm mit Aussichtsplattform, 4 m starke Schildmauer, in den Fels gehauene Pulverkammer.

Blick zur Kirche von Schmitten

TOUR 18

Wintermühle/Anspach - Bleibeskopf - Limes - Römerkastell Heidenstock - Wintermühle

13½ km

4 Stdn.

Charakteristik - Von den Kelten zu den Römern. Die etwas anspruchsvollere Wanderung! Rundweg vom Stahlnhainer Grund auf die Taunushöhen, zu keltischen Ringwällen, zum römischen Limes, in schönem Hochwald, mit viel Schatten, einigen Steigungen und steileren Abstiegen. 2 x ca. 250 Höhenmeter. Festeres Wanderschuhwerk empfohlen. Der Rundweg kann auf 6 ½ km (2 Stdn.) verkürzt werden.

Anfahrt - Von der B 456, Bad Homburg, Saalburg, Beschilderung Hessenpark folgen und am Abzweig auf der L 3041 weiter bis Neu-Anspach, OT Anspach, erst Saalburgstraße, an der Ampel links, Weilstraße und wieder links Feldbergstraße. Ab hier links Wegweiser [Wintermühle] folgen. - Von Schmitten über Dorfweil Richtung Brombach, vor dem Ort rechts auf die L 3041. Wegweiser [Hessenpark]. In Anspach Weilstraße und scharf rechts in die Feldbergstraße und links Wegweiser [Wintermühle] folgen.

Parken - Große P an der Reithalle und am Restaurant Wintermühle.

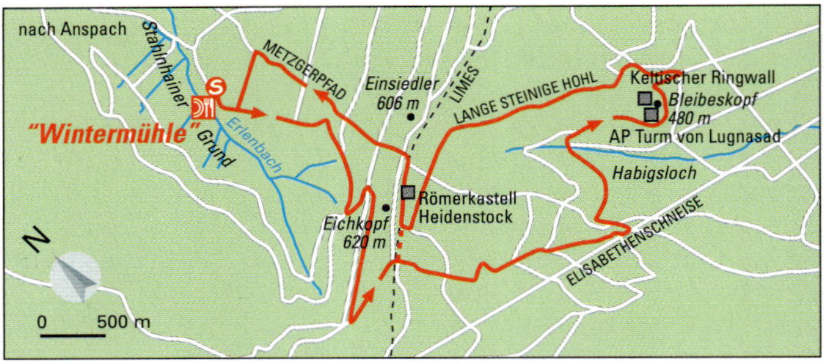

Der Stahlnhainer Grund - Ausgedehnte Wiesen und Felder nördlich des Taunuskammes; vom Erlenbach durchflossen, reihen sich Wintermühle, Talmühle, Ernst-Ahrens-Mühle, Erlenhof, Hubertushof, Tannenhof, Pfarrmühle und Brückenmühle wie die Perlen einer Kette aneinander.

Die Wintermühle - Um 1900 am Ende des Stahlnhainer Grundes von Wilhelm Winter ursprünglich als Getreidemühle erbaut, entwickelte sie sich über die Viehzucht und -haltung zu einem der renommiertesten Pferdezucht- und -haltungsbetriebe in der Region. Große pferdesportliche Veranstaltungen - auch mit internationaler Beteiligung - Wettbewerbe, Turniere, Training für Pferd und Reiter. Inzwischen in vierter Generation betreibt die Familie Winter seit 2005 auch das Restaurant an der Reithalle.

Der Rundweg - Vom P auf der Zufahrtsstraße zwischen Reithalle und alten Mühlengebäuden mit Markierung [Schwarzes Hirschgeweih] in den Wald und stetig aufwärts bis fast zur Höhe. Rechts zusammen mit [Schwarzem Käfer] weiter leicht aufwärts bis Wegspinne, scharf links mit [Rotem Balken] aufwärts. - Die Abkürzung führt hier auf dem Limeswanderweg für ca. 650 m geradeaus weiter bis zum Römerkastell Heidenstock, von dort Route Hauptweg folgen. - Limes und Steinige Hohl queren und mit [Rotem Balken] geradeaus lang und steil abwärts **(!)** auf rustikalem Waldweg. Mehrere Wege queren, immer weiter bis zur Elisabethenschneise, **(!)** vor der Hütte links, wenige Meter zur nächsten Kreuzung und wieder links mit [Schwarzem Keiler] aufwärts zunächst Landgrafenweg folgen. Der Weg umrundet fast eben den Bleibeskopf, mit Resten keltischer Ringwälle. Ein Fernblick auf die Skyline von Frankfurt am Main ist möglich. Weiter leicht abwärts bis zum Zusammentreffen mit [Blauem Punkt]. - Hier ist mit [Blauem Punkt] weiter abwärts eine Verbindung zur Tour Nr. 13, Oberstedten - Gotisches Haus, möglich, siehe dort. - Der Rundweg führt weiter scharf links **(!)**, für ca. 350 m steil aufwärts bis zur ersten Kreuzung, links [ohne Markierung] auf der breiten Lange Steinige Hohl aufwärts. Erste Abzweigung nach rechts ignorieren, an der zweiten Abzweigung nach links Abstecher zum Bleibeskopf möglich.

Keltischer Ringwall - Vom Hauptweg links abbiegen und ca. 400 m den Schildern und den aufgeschichteten Steinen und Ästen zum Bleibeskopf, auf 480 m folgen. Die Bergkuppe krönt eine Felsformation, die von den Kelten vor 2800 Jahren zur Festung »Imbolc« ausgebaut wurde. Ein 490 m langer Ringwall sicherte die Anlage. Im Süden steht auf einer Felsklippe der »Turm von Lugnasad«, ein fantastischer Aussichtspunkt in die Ebene und auf die Stadt Frankfurt am Main mit ihrer Hochhauskulisse und dem Fernmeldeturm. Zurück zum Hauptweg. Für den Abstecher sind ca. 15 Min. zusätzliche Wanderzeit einzurechnen.

➡Fortsetzung Rundweg - Weiter auf Lange Steinige Hohl aufwärts bis zum Ferdinandweg, rechts **(!)** aufwärts für 250 m [ohne Markierung] bis zur Höhe (hier Zusammentreffen mit der Abkürzung), rechts auf dem Limeswanderweg [Schwarzer Römerturm] bis Römerkastell Heidenstock. Die 1892 ausgegrabenen und erforschten Mauern wurden aufwändig restauriert und mit einer Informationstafel versehen. Weitere Funde sind im Museum Römerkastell Saalburg ausgestellt. Vom Kastell geradeaus weiter auf dem Limeswanderweg für ca. 300 m bis Kreuzung, links mit [Schwarzem Punkt] auf dem Metzgerpfad bis zur nächsten großen Kreuzung und geradeaus mit [Schwarzem Punkt] abwärts **(!)**, anfangs eng, gezackt und steil, später immer gerade auf breiterem Waldweg. Vorbei an Wiese und an deren Ende am einfachen Holzschuppen links, [ohne Markierung] aber mit deutlich sichtbaren Pferdespuren geradeaus bis zur Abzweigung und rechts mit [Schwarzem Hirschgeweih] wenige Meter zur Reithalle und zur Wintermühle.

Restaurant Wintermühle - »Das Glück der Erde liegt auf dem Rücken der Pferde.« Direkt an der Reithalle gelegen im Obergeschoss mit Ausblick über die malerische Taunuslandschaft und den Hessenpark. Durch Panoramascheiben hat man einen spektakulären Blick in die Reithalle und auf den dortigen Reitbetrieb. Familienfreundliches Haus mit stilvollem Ambiente. Saisonale Küche, frische Naturprodukte, Tagesangebot, Terrasse, Wintergarten, Biergarten. - ÖZ: täglich von 11 Uhr bis spät abends, Ruhetag = Mo.

➡Weitere Wanderungen: 1.) Auf dem Zufahrtsweg zur Wintermühle etwas zurück und rechts mit Markierung [Liegendes, schwarzes U] zum Freilichtmuseum Hessenpark oder 2.) Vom Römerkastell Heidenstock geradeaus weiter auf dem Limeswanderweg [Schwarzer Römerturm] zur Saalburg und zurück mit [Weißem Rechteck] zur Kreuzung [Schwarzer Punkt] und rechts steil abwärts auf dem Metzgerpfad.

TOUR
19

Usingen - Eschbacher Klippen - Hohe Schneid - Wilhelmsdorf - Hattsteinweiher - Usingen

14 km

3 ½ Stdn.

160 m

Charakteristik - Typischer Taunusrundwanderweg, meist durch Mischwald. Beeindruckend sind die Eschbacher Klippen mit weitem Fernblick.
Anfahrt - B 275 Bad Nauheim - Idstein. - B 456 Bad Homburg v. d. Höhe - Weilburg. - S-Bahn S 5 von Frankfurt nach Bad Homburg v. d. Höhe, von dort mit Regionalbahn (Hessische Landesbahn) R 15 Richtung Grävenwiesbach nach Usingen.
Parken - Großer gebührenfreier P am Neuen Marktplatz in der Bahnhofstraße.

Usingen (290 m) - Das 802 in einem Urkundenbuch des Klosters Fulda erstmals erwähnte Dorf entwickelte sich im Mittelalter zu einer Stadt, die von einer Mauer mit fünf Toren und einer Burg geschützt wurde, im 14. Jh. die Stadtrechte erhielt und durch neue Stadtteile erweitert wurde. Von 1659 bis 1744 war Usingen Residenzstadt der Grafen bzw. Fürsten von Nassau-Usingen. Nach dem Dreißigjährigen Krieg und drei Stadtbränden im 17. Jh. wurden unter Graf Walrad Hugenotten angesiedelt, die das Stadtbild entscheidend prägten. Bis 1886 war Usingen Amtssitz und danach bis zur Gebietsreform 1972, im Zuge derer sich sieben Orte zur Stadt Usingen zusammenschlossen, Kreisstadt. Heute ist Usingen Zentrum des Usinger Landes und trägt den liebevollen Beinamen »Buchfinkenstadt«, der auf ein Volkslied zurückgeht. Seit dem Jubiläumsjahr 2002 bereichern bunte Buchfinken das Stadtbild. Außerdem sehenswert ist das Wahrzeichen der Stadt, die Evangelische Laurentiuskirche mit ihrem mächtigen, weithin sichtbaren Turm. Rund um den Marktplatz mit der Hugenottenkirche gruppieren sich schöne Fachwerkhäuser. Das barocke historische Rathaus beherbergt heute das Bürgerbüro und die Vor- und Frühgeschichtliche Abteilung des städtischen Museums.

Usingen - Eschbacher Klippen - Hohe Schneid - Wilhelmsdorf - Hattsteinweiher - 2 ½ Stdn. - Vom Neuen Marktplatz mit der Markierung [Blaues Rechteck]. Neben der Bushaltestelle geht rechts ein Weg aufwärts zum Marktplatz und weiter geradeaus über Wirthstraße und Schillerstraße bis zur B 456. Diese überqueren, anschließend geradeaus, links mit Wegweiser [Fußweg nach Eschbach], auf befestigtem Weg über freies Feld. Bald hat man einen schönen Blick auf das nun voraus liegende Eschbach mit den darüber befindlichen Klippen. In einem Rechtsbogen führt der Pfad in den Ort zur Kantstraße, der man bis zum Ende folgt, um dann links in die Usinger Straße einzubiegen. Geradeaus zur Michelbacher Straße. Am Ortsende führt neben der Straße

links ein mit Birken gesäumter Weg zum P Eschbacher Klippen linker Hand am Beginn des Waldes. - Von hier lohnt ein Abstecher zum Buchsteinfelsen, der 200 m von der Straße rechts liegt. Es bietet sich dort ein schöner Blick auf das Usinger Becken und den im Hintergrund befindlichen Taunuskamm mit dem Großen Feldberg. Der Fels (AP) ist ca. 100 m lang und 15 m hoch und bei Kletterern sehr beliebt. Die große Wiese rund um den Felsen wird gerne für ein Picknick genutzt. Die Landschaft hat hier Heidecharakter. - Zurück zum P, dann auf breitem Weg mit [Schwarzem Pfeil] in den Wald. Rechts auf Höhe des hinteren Parkplatzareals liegt hinter Bäumen versteckt ein weiterer Felsen, der Seierstein, von ähnlichen Abmessungen wie der Buchstein. Nach 300 m links abwärts, später aufwärts, über eine Kreuzung geradeaus, bis nach ca. 1 km links ein schmaler Pfad abzweigt, der zur B 456 und zur Hohen Schneid führt. Die B 456 überqueren und auf dem gegenüber liegenden Weg mit einer leichten Linkskurve leicht abwärts. Nach 10 Min. rechts und nach weiteren 15 Min. erneut rechts. Der gut gekennzeichnete Weg biegt nach ca. 200 m links ab und führt anschließend zum Waldende. Hier bietet sich ein schöner Blick zum Großen Feldberg. Über freies Feld wird nach 300 m eine befestigte Straße erreicht, nun links mit [Gelbem Rechteck] wieder in den Wald. Nach 15 Min. rechts abwärts zum Hattsteinweiher. Nach weiteren 100 m erreicht man rechter Hand das

Restaurant Neumann am Hattsteinweiher - Das landschaftlich reizvoll gelegene, gemütliche Restaurant bietet gutbürgerliche Küche mit regionalen und saisonalen Akzenten; auf der abwechslungsrei-

Die Eschbacher Klippen

chen Speisekarte finden sich auch Kinder- und Seniorenteller. Von der großen Seeterrasse kann man den Blick über den Weiher schweifen lassen. - ÖZ: Mi.-So. 11.30-22 Uhr. Ruhetage = Mo. und Di.

Hattsteinweiher - Usingen - 1 Std. - Zurück zur Zufahrtsstraße und mit der Markierung [Gelbes Rechteck] Richtung Usingen. Nach 8 Min. vor der Reithalle links Richtung Usingen. Über Hattsteiner Allee und Schlagweg zur Obergasse. Rechts abwärts bis zum Schlossplatz, linker Hand liegt das

Schloss-Café Keth - Mitten in Usingen genießt man im gepflegten Ambiente der schönen Räumlichkeiten oder auf der Terrasse am Schlossplatz eine große Auswahl an Kuchen und Torten, hervorragende Eisspezialitäten aus Meisterhand, aber auch leckere Snacks, Suppen und Salate. Werktags wird ein günstiges Mittagsmenü angeboten. - ÖZ: Mo.-Sa. 7-19 Uhr, So. und Fei. 9-19 Uhr, durchgehend warme Küche. Kein Ruhetag.

TOUR
20

Gemünden/Weilrod - Rod a. d. Weil - Cratzenbach - Neuweilnau - Gemünden

Charakteristik - Gut markierter, schöner Rundweg mit teils steilen Abschnitten entlang des herrlichen Weiltales.
Anfahrt - Von Königstein oder Oberursel über Schmitten, durch Altweilnau, Oberlauken, Niederlauken nach Gemünden. - A 3, Ausfahrt Bad Camberg, über Rod a. d. Weil und Emmershausen nach Gemünden. - Busverbindungen von Königstein und Usingen.
Parken - Gäste-P nahe dem Hotel-Restaurant »Zur Sonne«.

15 km

4 Stdn.

Gemünden - Rod a. d. Weil - 1½ Stdn. - Vom P am Hotel-Restaurant »Zur Sonne« in die Emmershausener Straße, dem [Schwarzen Punkt] folgend Richtung Ortsmitte. Niederlaukener Straße, Usinger Straße und Obergasse aufwärts, rechts in die Feldstraße, an der Gabelung rechts Richtung Emmershausen und hinab ins Weiltal. Nach Erreichen der Straße rechts, nach 200 m links zurück über die Weil und nach den Häusern von Hütte im Wald links der Markierung [Schwarzes Kreuz] folgen bis Rod a. d. Weil (siehe auch Bild S. 64). Am Kirchberg rechts aufwärts, am ältesten bewohnten Pfarrhaus Deutschlands von 1283 vorbei und links hinunter zur Weilstraße.
Rod - Cratzenbach - Neuweilnau - Gemünden - 2½ Stdn. - Am Ortsende (nach dem Kreisverkehr) führt der Weg über den Cratzenbacher Berg steil aufwärts nach Cratzenbach. Der Hauptstraße folgend

Das älteste bewohnte Pfarrhaus Deutschlands (1283) in Rod

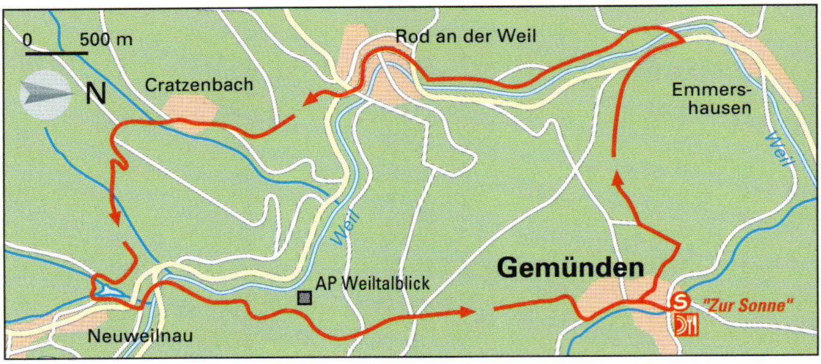

gelangt man hinter dem Ort im Wald zum Zollstock (432 m) und von da aus abwärts über das Schnepfenbachtal zum Schnepfenbacher Weiher. Hier links und gleich wieder links um den Teich herum zur Straße. Auf dieser kurz links abwärts bis zur Linkskurve **(!)**. Hier nun mit [Gelbem Rechteck] geradeaus auf schmalem Weg abwärts und nach einer Links-Rechts-Biegung über die Weil. Straße überqueren und zum Wegweiser [Gemünden 2,6 km; Ziegelhütte 30 Min.]. Im Wald aufwärts. Auf halber Höhe links kurzer Abstecher zur Schutzhütte Weiltalblick mit schöner Aussicht. Auf dem Weg abwärts Forstweg bis zur Straße benutzen, dann links nach Gemünden hinein. Am Euwering links einbiegen und hinter dem Feuerwehrhaus rechts die Treppe hinunter zum

Hotel-Restaurant »Zur Sonne« - Günstig am Rand des Hochtaunus-Naturparks gelegener Landgasthof mit zwei Kegelbahnen und großem Parkplatz am Haus. Die Gasträume sind rustikal und gemütlich. Es gibt gutbürgerliche Küche, hessische Spezialitäten, Spezialitäten-Wochenenden sowie Hausmacherwurst, auch zum Mitnehmen. Mittlere Preise. - Kein Ruhetag.

Weiteres Ausflugsziel - Die Vogelburg in Hasselbach ist eine beliebte Attraktion für Vogelfreunde. Über 100 Papageien, darunter auch handzahme zum Anfassen, können beobachtet und gefüttert werden. Außerdem leben hier Sittiche, Kakadus und Eulen in großen Volièren.

TOUR 21

Gemünden - Ziegelhütte/Weiltal - Cratzenbach - Drei Eichen - Gemünden

Charakteristik - Abwechslungsreiche Wanderung im Weiltal mit teils steilen Abschnitten, meist auf schattigen Waldwegen.
Anfahrt - B 275 bzw. B 456 über Usingen, Niederlauken. - Von Oberursel über Schmitten, Altweilnau. - A 3, Ausfahrt Bad Camberg über Erbach, Rod a. d. Weil, Emmershausen nach Gemünden. - Busverbindungen von Königstein und Usingen.
Parken - Gäste-P gegenüber dem Hotel Zur Linde.

19 km
5 Stdn.
250 m

Gemünden - Ziegelhütte - 1 ¼ Stdn. - Vom Hotel Zur Linde mit [Gelbem Rechteck] entlang der Usinger Straße, nach 500 m rechts in den Goldhecker Weg. Zunächst steil aufwärts, später flacher und nach 1 km an einer Kreuzung rechts mit [Schwarzem Rechteck] abbiegen. Immer geradeaus, später rechts offenes Feld, weiter bis zum Wald und dort mit [Grünem Tannenbaum] links in Kehren abwärts bis ins Weiltal. Links auf dem 2001 angelegten Weiltal Rad- und Wanderweg, Markierung [Blauer Fisch], nach 15 Min. rechts über die Weil und zum
Landgasthof Ziegelhütte - Traditionsreiches Haus, seit drei Generationen in Familienbesitz. Ruhige behagliche Gästezimmer, beheiztes Freibad, herrliche Terrasse. Gepflegte, familienfreundliche Atmosphäre. Küche mit frischen Saisonprodukten und täglich wechselnder Speisekarte. Forellen aus eigenem Teich. Auch halbe Portionen und Kinderkarte mit Malstiften. Mitglied bei »Hessen à la Carte«. - Der Wirt besitzt eine Sammlung von NSU-Motorrädern! - ÖZ: ab 9 Uhr durchgehend. - Ruhetag = Di.
Ziegelhütte - Cratzenbach - Drei Eichen - Gemünden - 3 ¾ Stdn. - An der Ziegelhütte rechts vorbei zur wenig befahrenen Straße, die links aufwärts nach Cratzenbach führt. Mit [Schwarzem Andreaskreuz] auf Hauptstraße zum Ende, auf steiler Straße durch das Dorf. Aus dem Ort,

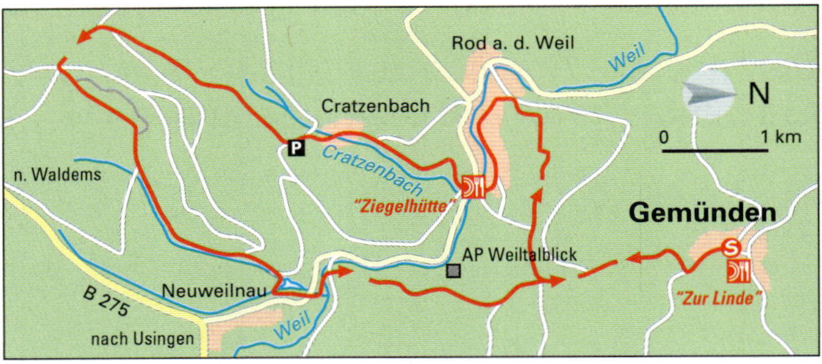

steil hinauf zum Waldrand, rechts an diesem entlang, schöner Ausblick! Nach ca. 1 km in den Wald und mit [Grünem Eichenlaub] nach weiteren 500 m zu einer Kreuzung. Hier links auf breiten Weg und mit [Schwarzem Pfeil] ca. 600 m geradeaus. Dann links, Wegweiser [Neuweilnau]. Auf der linken Seite Neupflanzung der Drei Eichen. Jetzt Markierung [Schwarzes Dreieck bzw. Kreis]. Der Pfad führt nun abwärts, immer links halten, ca. 3½ km zum Schnepfenbacher Weiher. Hier links und gleich wieder links um den Teich herum zur Straße. Auf dieser kurz links abwärts bis zur Linkskurve **(!)**. Hier nun mit [Gelbem Rechteck] geradeaus auf schmalem Weg abwärts und nach einer Links-Rechts-Biegung über die Weil. Straße überqueren und zum Wegweiser [Gemünden 2,6 km; Ziegelhütte 30 Min.]. Nach 650 m erreicht man eine Gabelung, rechts geht der Weg gut markiert zurück nach Gemünden und zum Hotel Zur Linde. - Lohnend ist 1 km nach Überqueren der Weil ein Abstecher zum herrlichen AP Weiltalblick. - Weitere Alternative: Auf dem Weiltal Rad-und Wanderweg aufwärts, später steil abwärts, vor Strommast links abbiegen und zum Landgasthof Ziegelhütte. Nach der Einkehr auf gleichem Weg mit [Blauem Fisch] 10 Min. zurück, dann links aufwärts bis zum Weg nach Gemünden.

Landgasthof-Hotel Zur Linde - Seit 1771 in Familienbesitz und als umweltbewusster Betrieb ausgezeichnet. Komfortable, großzügige Gästezimmer. Gemütliche, gepflegte Gasträume. Sehr schöne Terrasse. Die Küche bietet gutbürgerliche hessische Gerichte sowie ausgewählte Saisonspezialitäten. Hausmacherwurst (im Winter Schlachtfeste). Räume für Feiern und Tagungen. - Ruhetag = Mo. (außer an Feiertagen).

TOUR 22

Landsteiner Mühle/Weiltal - Finsternthal - Riedelbach - Neuweilnau - Landsteiner Mühle

Charakteristik - Gut markierter, schöner Rundweg mit teils mittleren Steigungen meist durch Mischwald entlang des herrlichen Weiltales.
Anfahrt - Die Landsteiner Mühle liegt an der B 275 Idstein - Bad Nauheim (erreichbar über die A 3, Ausfahrt Idstein oder A 5, Ausfahrt Bad Nauheim). - Vom Bahnhof Usingen RMV-Bus 62 (Richtung Weilrod-Hasselbach) bis Rod a. d. Weil, dann mit AST 82 Richtung Schmitten-Hunoldstal bis Weilrod-Altweilnau Landstein (Anruf-Sammeltaxi bis 60 Min. vor Abfahrt anmelden unter Tel. 06086/952923 anmelden).
Parken - Gäste-P am Restaurant Landsteiner Mühle.

14 km

3½ Stdn.

Der Rundweg - Vom P Landsteiner Mühle 200 m entlang der Straße aufwärts, rechts abwärts über den Bach, mit [Schwarzem Kreis] nach 50 m rechts auf befestigtem Weg aufwärts. Nach 200 m links auf Waldweg 10 Min. aufwärts, vorbei an Felsformationen. Auf breitem Waldweg links mit [Schwarzem Punkt] aufwärts durch schönen Mischwald, dann abwärts zum Waldende. Auf asphaltiertem Weg abwärts bis Finsternthal zur Hauptstraße, rechts mit der Markierung [Weißes Rechteck mit schwarzer Pfeilspitze] aufwärts bis zum Ortsende. Hier rechts auf der Straße über den Bach, weiter rechts aufwärts und in großem Linksbogen aus dem Ort zum Waldrand. Links am Waldrand entlang, nach 50 m rechts wieder in den Wald, aufwärts bis Waldende, rechts am Waldrand entlang aufwärts auf befestigtem Weg. Nach 300 m links in Feldweg mit schönem Rundblick über freies Feld, nach 250 m dann rechts und gleich

Die im malerischen Weiltal gelegene Landsteiner Mühle

links durch kleines Waldstück und am Ende rechts abwärts bis zur Straße. [Ohne Markierung] links auf Straße abwärts bis zur B 275. Diese überqueren, geradeaus weiter Straße (Talaue) abwärts und aufwärts zur Querstraße (Camberger Straße). Hier links an der Grundschule von Riedelbach vorbei mit der Markierung [Weißes Rechteck mit schwarzer Pfeilspitze] 300 m aufwärts bis zur Kreuzung. Mit [Schwarzer Spitze] rechts abwärts vorbei an Sportplatz und NSG bis zur Kreuzung mit dem Rastplatz Drei Eichen. Mit [Schwarzem Kreis] rechts abwärts durch das Schnepfenbachtal zum Schnepfenbacher Weiher, über Brücke und gleich rechts. Nach 200 m links bis zur Parkstraße, hier rechts entlang der Straße, nach 100 m links in die Straße »Weilblick«. Am Ortsende von Neuweilnau rechts auf dem Fußweg zur B 275, diese überqueren und auf Forstweg aufwärts. Nach 15 Min. links abwärts auf einem Waldweg in 10 Min. bis zu einem befestigten Weg, hier rechts und links über die Brücke zur Straße, dort links zur

Landsteiner Mühle - Deutschlands erstes ApfelWeinBistrorant liegt malerisch im Weiltal und ist eine gelungene Mischung aus Apfelweinlokal, Bistro und Restaurant. Die kreative Küche kombiniert hessische und österreichische Spezialitäten mit internationalen Akzenten. Dazu werden Apfelweine aus eigenem und internationalem Anbau und Traubenweine aus der österreichischen Heimat der Familie Stöckl ausgeschenkt. Attraktive Veranstaltungen, eine Spielecke und ein Spielplatz im großzügigen Außenbereich runden das Angebot ab. - ÖZ: Täglich 11.30-23 Uhr (Küche durchgehend bis 21 Uhr). Kein Ruhetag.

TOUR
23

¾ Std.

Bad Camberg - Historischer Stadtrundgang

Anfahrt - A 3 Frankfurt - Köln, Abfahrt Bad Camberg. - B 8 von Limburg an der Lahn bzw. Königstein. - Mit der Bahn von Frankfurt, Wiesbaden oder Limburg gut zu erreichen (ICE-Bahnhof Limburg-Süd).
Parken - P Am Amthof, P Bächelsgasse (Nähe Marktplatz), P entlang der Obertorstraße, P Neumarkt, P Pfortenwiese.

Bad Camberg - Die Kur- und Kneippstadt bildet das Zentrum des »Goldenen Grundes«, einer Senke mit fruchtbaren Lössböden. Das Bild der malerischen Altstadt wird geprägt von schmucken Fachwerkhäusern und altehrwürdigen Plätzen und Höfen. Der Kurpark mit dem im Jahr 2000 umgebauten und teilweise neu errichteten Kur- und Gesundheitszentrum ist ein beliebtes Ziel für Erholungssuchende. Bad Camberg ist das älteste hessische und das drittälteste deutsche Kneippheilbad.
Aus der Geschichte - Um 1000 n. Chr. erste urkundliche Erwähnung des Königshofes »Cagenberg«. 1281 Verleihung der Stadtrechte durch Rudolf I. von Habsburg und Bau einer Stadtmauer mit 13 Türmen bis 1360/1380 unter den Grafen von Diez. Von 1420 bis 1803 unter verschiedenen Zwei- und Dreiherrschaften, danach zum Herzogtum Nassau, ab 1866 zu Preußen, seit 1945 zum Bundesland Hessen. 1974 Zusammenlegung der ehemals selbstständigen Gemeinden Dombach, Erbach, Oberselters, Schwickershausen, Würges und der Kernstadt zur Stadt Bad Camberg. 1981 Verleihung des Titels »Bad«. Heute hat Bad Camberg ca. 15000 Einwohner.

In der Altstadt von Bad Camberg

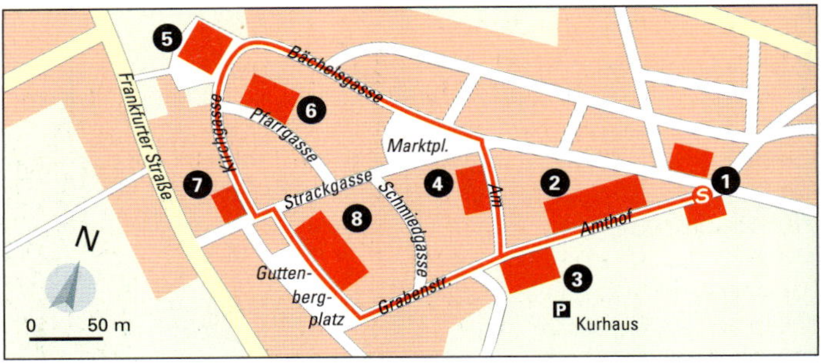

Der Rundgang - 1) Obertorturm und Hohenfeldkapelle. Der Obertorturm wurde um 1380 als Teil der Stadtbefestigung errichtet. An den Turm schließt sich die Hohenfeldkapelle an, die nach ihrem Erbauer Achatias von Hohenfeld (1610-1682) benannt wurde. In den beiden Gebäuden ist das 1981 eröffnete Stadt- und Turmmuseum mit einer facettenreichen Dauerausstellung zur Stadtgeschichte und zu naturkundlichen Themen untergebracht (ÖZ: Anfang April bis Ende Oktober, So. 10-12 und 15-17 Uhr). Hinter der Kapelle ist u. a. der Grabstein des Gründers der Bad Camberger Gehörlosenschule, Hugo Freiherr von Schütz zu Holzhausen (1780-1847) zu sehen. - Straße »Am Amthof« geradeaus zum 2) Amthof. Der 140 m lange Fachwerkbau entstand 1605 auf alten Grundmauern. 1660 wurden die ursprünglichen Einzelhöfe der Adelsfamilien von Riedesel, von Nassau und von Heiden/von Metternich zu einem Gebäudekomplex zusammengefasst und 1669 durch Achatius von Hohenfeld erweitert. Bis 1815 war der Amthof Wohnsitz der kurtrierischen Oberamtmänner. Nach einer aufwändigen und liebevollen Sanierung beherbergt der Gebäudekomplex heute Teile der städtischen Verwaltung, ein Café, Wohnungen sowie die Amthof-Galerie, die neben Ausstellungen auch Werkstattgespräche, Studienfahrten, Workshops, Infoabende und Wettbewerbe zu verschiedensten Themen anbietet. Einen genaueren Blick lohnen die kunstvollen ornamentalen Schnitzereien an den Häusern. Im Innenhof steht der 1980 wieder errichtete älteste Brunnen der Stadt. - Gegenüber dem Amthof befindet sich die 3) Alte Amtsapotheke. 1479/80 erbaut, ist die Amtsapotheke das älteste erhaltene Wohnhaus in Bad Camberg. Auf Grundmauern von 1330 wurde das Gebäude als Burgmannenhaus derer von Hattstein 1492 errichtet. Die Fachwerkornamente des nicht zugänglichen Seitenhauses sind nur vom Restaurant des Kurhauses sichtbar. - Weiter durch die Straße »Am Amthof« erreicht man den neu gestalteten 4) Marktplatz, der von schönen Fachwerkhäusern mit teilweise fränkischen Krüppelwalmdächern umgeben ist und auf dem im Jahreslauf Volksfeste vom Frühlingsmarkt bis zum Höfefest stattfinden. Besonders interessant das 1592 von dem Lutheraner Johann Tiefenbach erbaute Sadonysche Haus mit geschweiften Giebeln, herrlichen Fachwerkverriegelungen, eigentümlichen symbolischen Schnitzereien und einer gegen den Erzbischof von Trier gerichteten Trutzschrift: »Wenn Gott mit uns ist, wer kann gegen uns sein«. - Weiter durch Bächelsgasse und Kirchgasse zur 5) Kath. Pfarrkirche St. Peter und Paul.

Der im Kern gotische Westturm gehörte wohl einst zur Stadtbefestigung. Das Schiff wurde 1777-1779 nach Plänen von Friedrich Sckell ausgeführt. Ausstattung im Zopfstil des Übergangs von Rokoko zu Klassizismus, Deckengemälde, reiche Stuckdekorationen. Mit Schnitzereien verzierte Kanzel und Orgel sehenswert. - Gegenüber der Kirche lohnt das 6) Haus Pfarrgasse 1 eine nähere Betrachtung. Das 1673 erbaute Bürgerhaus ist mit zwei fränkischen Erkern versehen. - Kirchgasse geradeaus zum 7) Untertorturm. Der 1365-1380 erbaute »schiefe Turm« weist eine Neigung von 1,44 m bei einer Höhe von 21,34 m auf. Der alte Turmhelm wurde im Zweiten Weltkrieg 1945 zerstört. - Guttenbergstraße geradeaus zum 8) Guttenberger Hof. Schon 1336 genannt als Sitz der Burgmannen von Hattstein, 1526 neu erbaut. Ab 1767 im Besitz der Familie von Guttenberg, ab 1820 in bürgerlichem Besitz. Im 18. Jh. umgebaut. - Durch die Grabenstraße geht man links und kehrt zurück zum Ausgangspunkt des Rundganges am Obertorturm.

Blick zum Obertorturm

Wanderziele - Kreuzkapelle: Weithin sichtbare Kapelle aus dem 17. Jh., über den Kreuzweg mit beeindruckenden Reliefdarstellungen erreichbar (ca. 2 km). - Wallfahrtskapelle St. Georg: 1787 erbaute Saalkirche mit barocker Spiegeldecke (ca. 3 km). - Neun mit verschiedenen Farben markierte Wanderwege (6-14 km) sind in einer bei der Kurverwaltung oder im Bürgerbüro erhältlichen Karte verzeichnet.

TOUR
24

12 km

3½ Stdn.

Reichenbach/Waldems - (Mauloff) - Steinfischbach - Reinborn - Reichenbach

Charakteristik - Vielseitige Wanderung in hügeligem Gelände. Freie Feldflächen mit schönen Ausblicken wechseln sich ab mit schattigen Waldwegen.
Anfahrt - Reichenbach liegt an der B 275 Idstein - Bad Nauheim (erreichbar über die A 3, Ausfahrt Idstein oder A 5, Ausfahrt Bad Nauheim). - Busverbindungen von den Bahnhöfen Idstein, Usingen und Königstein (nur Mo.-Fr., nähere Informationen unter www.rmv.de oder Tel. 01805/7684636).
Parken - Gäste-P Gasthaus Zum Anger.

Reichenbach - Der Ortsteil der Großgemeinde Waldems wurde als »Richinbach« 1428 erstmals urkundlich erwähnt, blickt aber auf eine weitaus längere Geschichte zurück, die bis in die vorchristliche Zeit reicht. Davon zeugen der noch nachweisbare Ringwall »Burg«, das Hügelgrab »Goldkessel«, der Knotenpunkt »Tenne«, wo sich die uralte Camberger Straße und die vorgeschichtlichen Wein- und Wagenstraßen vereinen, sowie die ehemalige Siedlung »Liegenhausen«. Das Ortsbild wird geprägt vom weithin sichtbaren Naturdenkmal »Lai«.

Reichenbach - Tenne - Steinfischbach - 2½ Stdn. - Vom Gasthaus Zum Anger gegenüber in die Straße »Am Trieb«, dann Straße »Im Anger« links und Mauloffer Weg rechts. Am Wegende Straße rechts, nach 80 m links Waldweg aufwärts. Nach der Kreuzung mit einem Forstweg geradeaus weiter auf Waldweg mit Markierung [Rote 19] bis zu breitem Forstweg mit Markierung [Liegendes schwarzes U]. Links bis zum Zusammentreffen mit dem Forstweg mit der Markierung [Eichblatt]. Von hier ist ein lohnenswerter Abstecher nach Mauloff möglich. - Dafür rechts bis zur Wegespinne mit dem Wegweiser [Mauloff 0,5 km]. Am Ortsrand zunächst dem Heideweg folgen, dann auf der Ringstraße zu schönen, liebevoll restaurierten Fachwerkhäusern in der Ortsmitte. Auf der Ringstraße zur Brunnenstraße, weiter durch das Ev. Familiendorf, Feldweg geradeaus aufwärts bis zu bekannter Wegespinne. - Dort Weg geradeaus, der Markierung [Eichblatt] folgen bis zur B 275. Diese überqueren zum Rastplatz Tenne. Der Knotenpunkt Tenne ist ein Schnittpunkt der uralten Camberger Straße und der vorgeschichtlichen Wein- und Wagenstraßen. Nun geradeaus, parallel zur Straße mit der Markierung [Schwarze 4]. Nach 400 m links, der Straße nach Steinfischbach folgen mit schönem Blick auf den Ort mit historischen Gebäuden (Backhaus, Pfarrhaus) und einer schönen Dorfkirche.

Steinfischbach - Hügelgrab Goldkessel - Reinborn - Reichenbach - 1 Std. - In Steinfischbach trifft die Usinger Straße auf den

Müllerweg, dem man links aufwärts bis zum Ortsende folgt, Markierung [Rote 6]. Weiter geradeaus, nach 500 m Linksbogen. Linker Hand liegt der Vogelskipfel mit Sendemast. Nach Rechtsbogen liegt nach 100 m links im Gebüsch das Hügelgrab Goldkessel. Weiter auf breitem Weg geradeaus bis Reinborn, unterwegs eröffnet sich eine herrliche Panoramasicht. Hinter dem Friedhof und dem barocken Kirchlein liegt rechts das ND 1000-jährige Linde, vermutlich ein alter Versammlungs- und Gerichtsort. Von dort aus 100 m der Straße entlang Richtung Niederems folgen, dann Weg links mit Wegebezeichnung [Rundweg Waldems]. Nach 400 m an umzäuntem Areal rechts in den Wald, kurzer Anstieg. Übergang auf freies Feld mit Blick auf den Feldberg, alsbald schöne Sicht auf Reichenbach. Weg geradeaus in den Ort. Der Obergasse bis zur B 275 folgen, diese überqueren und auf dem Wüstemser Weg zur verdienten Einkehr im

Gasthaus Zum Anger - Restaurant und Café in schöner Aussichtslage. In den rustikalen Gasträumen und im Biergarten herrscht eine gemütliche Atmosphäre, in der man die reichhaltige gutbürgerliche Küche genießen kann, u. a. Schnitzel- und Rumpsteakspezialitäten, vegetarische Speisen und Gerichte für den kleinen Hunger sowie selbst gebackenen Kuchen, Kinderteller und Tagesgerichte. Aktionswochen nach Saison ergänzen das Angebot, z. B. Bayerische Woche, Schnitzelwoche, Schlachtfest. Gruppen sind nach Voranmeldung willkommen. Mittleres Preisniveau. - ÖZ: Mi.-Sa. 11.30-22 Uhr, So. 10-22 Uhr. Ruhetage = Mo. und Di.

TOUR
25

Hühnerkirche - Strinz-Trinitatis (- Hühnergrund) - Hühnerkirche

13 km

3½ Stdn.

Charakteristik - Zwei alternative Rundwege (8-9 km, 2½ Stdn. bzw. 13 km, 3½ Stdn.) im sehr hügeligen Hintertaunus mit viel Wald, Bachläufen und schönen Weit- und Rundblicken.
Anfahrt - A 66 Frankfurt - Wiesbaden bis Abfahrt Wiesbaden-Erbenheim, Richtung Stadtmitte/Bahnhof. Weiter auf die B 417 Richtung Hünstetten bis Gasthof Hühnerkirche. - Regionalbahn Frankfurt - Limburg bis Idstein, dann Bus Linien 224 und 225.
Parken - P beim Gasthof oder P Eisersbach, beide an der B 417.

Hühnerkirche - Strinz-Trinitatis - 1 Std. - Vom Gasthof Hühnerkirche auf dem Bergrücken unterhalb des Hühnerberges (418 m), der den seit 1972 zusammengeschlossenen umliegenden Orten den Namen Hünstetten gab, geht man auf dem Fußweg neben der Landstraße abwärts nach Limbach. Auf der Hauptstraße an der schönen Dorfkirche aus dem 18. Jh. mit ihrem prägnanten Stufenturm vorbei und rechts in die Rosenstraße (rechter Hand befindet sich das Dorfgemeinschaftshaus) in Richtung Neubaugebiet. Am Ende der Rosenstraße (Dorfende) geht man auf dem Teerweg links abwärts nach Strinz-Trinitatis, an der alten, im Wesentlichen hochgotischen Wehrkirche vorbei, die mit der Weihe auf die Dreifaltigkeit dem Ort einen Teil seines Namens gab. Rechts in die Durchgangsstraße (Scheidertalstraße), dann links in die Buchholzstraße abbiegen und auf Höhenweg Richtung Grillplatz zum Dorfende.
Strinz-Trinitatis - P Eisersbach - 1¾ Stdn. - Am Ende des Dorfes führt ein Radweg aufwärts zunächst durch Felder, dann durch den Wald bis zur Bergkuppe, neben der sich links und rechts (schlecht zu erkennen) Hügelgräber befinden. Hier geht man abwärts bis zu einer Wegkreuzung und an dieser geradeaus bis zur nächsten Wegkreuzung (Wegweiser [Görsroth]), an der man scharf links abbiegt. Am Waldrand entlang links halten und dann wieder rechts bis zum Radweg. Auf diesem biegt man links ab und geht darauf bis zum P Eisersbach (rechter Hand).
P Eisersbach - Hühnerkirche - ¾ Std. - Die Route führt jetzt vom P auf dem Radweg (Wegweiser) halb links in den Wald. Man folgt dem Weg durch den Wald, dann am Feldrand entlang und an den beiden Sportplätzen (linker Hand) vorbei bis zur Waldecke mit Blick auf den Limbacher Kirchturm. Hier hat man einen schönen Rundblick über die Höhen bis zum Feldberg. Jetzt biegt man rechts auf den Feldweg und vor der B 417 links auf den Teerweg ab und kommt abwärts zum
Gasthof Hühnerkirche - Die Gaststätte ist gemütlich-rustikal. In zünftiger Atmosphäre wird gute Hausmannskost serviert. Fleischgerichte aus eigener Schlachtung. Spezialität: Kochfleisch mit Wirsing. Hausge-

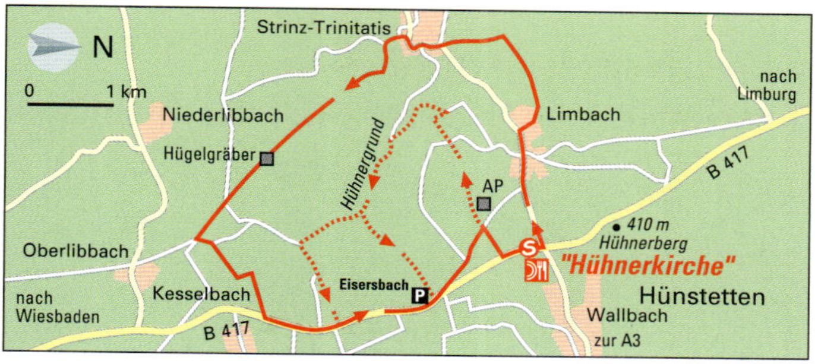

machte Wurst. Auch Menüs und Vesper. Mittlere Preise. - ÖZ: durchgehend ab 11 Uhr; 14-17 Uhr nur kalte Küche, Kaffee und Kuchen. - Ruhetag = Fr. Der Gasthof blickt auf eine ereignisreiche Geschichte zurück: Ursprünglich stand hier 1514 nur eine Kapelle, gewidmet »Unser lieben Frauen am Hohnerberg«. Sie fiel während der Reformationszeit in sich zusammen, ihre Steine wurden zum Bau der Idsteiner Kirche verwandt. Später plante man hier eine Poststation, denn zwischen der Hühnerstraße, heute Teil der B 417 am Hühnerberg, und dem Ort Wallrabenstein verlief die Alte Poststraße. Schließlich wurde 1776 ein Herrenhaus mit Haubendachreiter erbaut und Landwirtschaftsgebäude angeschlossen. Gegen Ende des Krieges brannte die Anlage ab, wurde aber zügig wieder aufgebaut.

➥Wegalternative: Hühnerkirche - Hühnergrund - P Eisersbach - Der Alternativweg beginnt am Gasthof und führt aufwärts entlang des Fahrweges neben der B 417. Auf der Höhe biegt man rechts ab und geht über die Felder bis zum Waldrand. Dort geht man geradeaus über den Radweg nach Limbach mit [Eichhörnchen] am Waldrand entlang, an einer Waldbucht rechts und kurz vor dem Waldende scharf links **(!)** mit [Eichhörnchen] abwärts bis in den Hühnergrund. In einer sanften Linkskurve geht es am Bach entlang und an zwei Weihern vorbei. In einer Waldlichtung kann man die Abzweigung links aufwärts mit [Eichhörnchen] einschlagen und kommt direkt bis zum P Eisersbach. - Oder mit [Eichblatt] halb rechts weiter im Tal, an einem Bachüberweg geradeaus und dann dem Bachlauf folgend links aufwärts bis zur B 417 und links auf dem Radweg zum P Eisersbach.

TOUR
26

Burg Schwalbach - Hahnstätten - Burg Hohlenfels - Zollhaus - Burg Schwalbach

14 km

3½ Stdn.

Charakteristik - Eine aussichtsreiche Wanderung auf historischen Spuren mit mäßigen Steigungen im Mitteltaunus.
Anfahrt - A 66 Frankfurt - Wiesbaden, Ausfahrt Wiesbaden-Erbenheim. Richtung Stadtmitte/Bahnhof, Berliner Straße. Auf dem ersten Ring zur B 54 Richtung Bad Schwalbach, über Aarbergen, Zollhaus nach Burgschwalbach. Panröder Straße geradeaus mit Hinweis [Burg], Paul-Morant-Allee rechts. - Öffentliche Verkehrsmittel: Bus 284 von Bad Schwalbach-Kurhaus bzw. Limburg ZOB nach Burgschwalbach und von dort mit Wegweiser aufwärts zur Burg.
Parken - Großer P auf dem Burggelände.

Restaurant Burg Schwalbach - Stilvolle, rustikale und gemütliche Gasträume. Wohltuende Atmosphäre, Erlebnisgastronomie mit wechselnder saisonaler Karte. Neben Fleisch-, Fisch- und Wildgerichten auch Feinschmeckermenüs beim Burg-Candle-Light-Dinner. Zu bestimmten Terminen werden Rittermahle veranstaltet. Kuchenbuffet. Mittleres bis gehobenes Preisniveau. - Ruhetage = Mo. und Di.
Burg Schwalbach - Eine der schönsten und besterhaltenen Burgruinen im Taunus. Aus Schieferbruchsteinen erbaut in den Jahren 1368-1371 von Graf Eberhard von Katzenelnbogen in einem beinahe symmetrischen, fünfeckigen Grundriss. Restaurierungsarbeiten von 1971-1982, bei denen der Palas zur Gaststätte ausgebaut wurde.
Burgschwalbach - Märchenwald - Hahnstätten - 1¼ Stdn. - Ab P auf Burggelände mit Hinweis [Sportgelände und Märchenwald] Straße geradeaus aufwärts. Am Waldrand mit Wegweiser [Märchenwald] rechts aufwärts. Am Sportplatzende links durch Torbogen zum Märchenwald, der vom Heimatverein Burgschwalbach erbaut wurde und unterhalten wird. Neben Märchenfiguren gibt es dort viele Spielgeräte, Sitzgruppen und Schutzhütten. Der Eintritt ist gratis. An der Gruppe »Hänsel und Gretel« vorübergehen, weiter geradeaus. Am Ende des Spielparks schmalen Pfad schräg links. Querweg rechts. An Kreuzung auf dem mit Gras bewachsenen Weg links zum Waldrand. Hier herrliche Sicht auf die Silhouette der Burg. Dann rechts am Waldrand weiter. An Waldspitze (Hochstand rechter Hand) den Weg geradeaus überqueren. Nächsten Weg links. Geradeaus weiter, geteerten Feldweg queren. Rechts freie Sicht über Kaltenholzhausen bis zu den Höhen des Westerwaldes. Feldweg links, auf einen Umsetzer (hoher Mast) am Rand des Gertreshecks zu. An diesem vorüber, entlang des Waldrandes bis zur Grillhütte. Auf Querweg links mit verschiedenen örtlichen Markierungen am Waldrand bis zum zweiten Hochstand links. Danach an Gabelung an einer Bank rechts. An

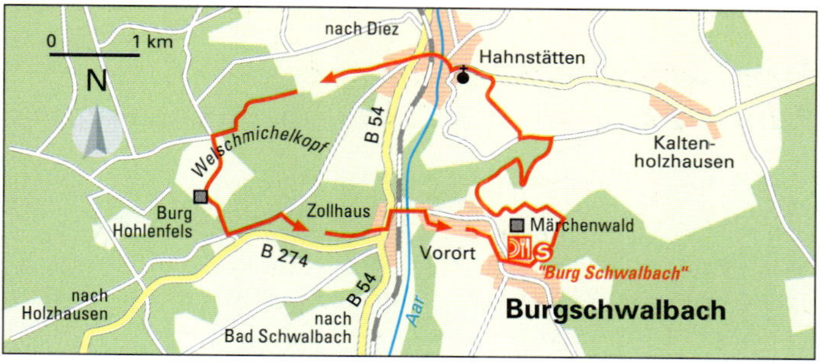

nächster Gabelung links im Bogen abwärts. Querweg links abwärts zum Friedhof. Vor diesem links weiterhin abwärts, dann Querweg rechts an Kirche vorüber zur Kirchgasse. Auf dieser links abwärts. Fluss und Bahnkörper überqueren, geradeaus in Richtung Hahnstätten-Zentrum.

Hahnstätten - Im Aartal gelegen. Sehenswert sind die evangelische Pfarrkirche St. Nikolaus aus dem 13.Jh., gestiftet von Diezer Grafen, sowie einige schöne, gepflegte Fachwerkbauten, u. a. das Rathaus.

Hahnstätten - Welschmichelkopf - Burg Hohlenfels - 1 Std. - B 54 überqueren. Aarstraße links. Mit [Rotem Quadrat] Hohlenfelsbachstraße, rechts Schönbornerstraße. An Schießstand und aufgelassenem Steinbruch vorbei aufwärts zum Welschmichelkopf. Am Waldrand rechts am Reitplatz vorbei. An Kreuzung mit [Schwarzem Balken] links abwärts mit schönem Blick in den Talgrund und zur Burg Hohlenfels.

Burg Hohlenfels - Zollhaus - Vorort - Burgschwalbach - 1 ¼ Stdn. - Mit Markierung [Schwarzem Punkt] vorbei am ehemaligen Weidegut Hohlenfels, heute ein Landheim für Jugend- und Erwachsenengruppen, aufwärts zum Wald. Durch einen Torbogen, dann links in den Wald. B 274 links zur B 54. Jetzt links nach Zollhaus. Am Bahnhofsgebäude (Zollamt) vorüber. Rechts in Burgschwalbacher Straße. Nächste Straße erneut rechts, In der Au. Links durch ein Wiesengelände Richtung Burgschwalbach mit Blick auf die Burg. Links über die Palmbachbrücke, dann gleich rechts in die Wiesenstraße. Dann die Schlossstraße links aufwärts und den Burgweg rechts aufwärts und mit dem Wegweiser zurück zur Burg.

TOUR
27

Schönborn -
Rundweg zur Domäne Hohlenfels

13 km

3½ Stdn.

Charakteristik - Eine Wanderung, die fast ausschließlich durch Wald führt, starke Gefälle und langsame Anstiege aufweist und unerwartete Ausblicke bietet.
Anfahrt - B 54 Limburg - Wiesbaden, in Hahnstätten-Zollhaus B 274 bis vor Katzenelnbogen, dann auf der L 318 nach Schönborn oder in Limburg-Freiendiez auf der L 318 nach Schönborn. - Regionalbahn Frankfurt bzw. Wiesbaden nach Limburg, dann Lahntalbahn bis Diez und Bus 588 Richtung Katzenelnbogen bis Schönborn Mitte.
Parken - P bei Gasthaus-Pension Müller.

Schönborn - Die um 1284 erstmals erwähnte Siedlung erhielt ihren Namen vom Ort ihrer Gründung »am schönen Born«. Heute gehört die 800-Seelen-Gemeinde zur Verbandsgemeinde Katzenelnbogen.
Schönborn - Domäne Hohlenfels - 1½ Stdn. - Vom Gasthaus Müller an einer Biegung der Kirchstraße geradeaus aufwärts bis zur Schaumburgstraße, rechts auf den Europäischen Wanderweg [E 1] mit [Andreaskreuz] abbiegen und um eine Kurve bis zur L 318, diese überqueren und den Bornweg aufwärts. Vor den Feldern rechts und am Waldrand links aufwärts auf Schotterweg. Man biegt etwa nach 250 m rechts in den Wald, geht aufwärts bis zur Schutzhütte und überquert die Rintstraße. Mit [Andreaskreuz] geht es abwärts auf unebenem Weg bis zu einer Fahrstraße, der man abwärts zu einer Wegspinne mit Wegweiser [Hahnstätten - Schönborn] folgt. Hier geht man halb rechts **(!)** steil abwärts, Wegweiser [Lindeneck], überquert **(!)** den nächsten Steilweg nach Hahnstätten (Wegweiser) und kommt zu einem Fahrweg, dem man links bis ans Lindeneck am Waldende vor dem Talgrund folgt. Jetzt rechts auf Teerstraße leicht abwärts bis zur Ruhebank mit Tisch, wo man einen schönen Ausblick auf die Talwiesen und die Burg Hohlenfels gegenüber hat. Die Burg wurde ab 1353 auf einem zerklüfteten Kalkfelsen erbaut, 1713 wurde der Wohntrakt neu errichtet. Die Anlage hat einen fünfeckigen Bergfried und Wehrmauern mit mehreren Ecktürmen und ist heute in Privatbesitz. Besichtigungstermine können über die Verbandsgemeinde Hahnstätten, Tel. 06430/9114115 vereinbart werden. Auf dem Teerweg abwärts ins Tal zur Domäne Hohlenfels, einem ehemaligen Weidegut, heute Gästehaus mit Zeltplatz.
Domäne Hohlenfels - Schönborn - 2 Stdn. - Man verlässt die Domäne auf der Teerstraße und kommt - unter einem Betonbogen hindurch - zum Waldrand. Hier hat man einen guten Fernblick über das Aartal zur Burg Schwalbach. Man biegt am Mudershauser Feld rechts ab mit [Schwarzem Punkt] und [Andreaskreuz] und tritt auf der alten Hes-

senstraße aufwärts in den Wald ein. 2 km weiter kommt man zu einem Schotterwerk. Man geht geradeaus über den Betriebshof, biegt - am Steinbruch vorbei - am nächsten Weg rechts ohne Markierung ab und befindet sich auf dem alten Höhenweg Rintstraße. An der nächsten Wegkreuzung mit [Rotem Kreuz] geradeaus aufwärts und an einer weiteren, am Gilgesloch (414 m), halb rechts mit [Rotem Kreuz]. Von schräg links kommt hier die alte Kohlstraße hinzu. Die nächste Kreuzung passiert man geradeaus. - Rechts geht hier der Große Rundweg (Wegweiser) des Bergmannspfades ab. Er wurde zwischen Allendorf und Schönborn eingerichtet zur Erinnerung an den früheren Eisenerzabbau im Einrich, die Gegend um Katzenelnbogen, und den mühevollen Weg der Bergleute. Die Gruben sind heute zugeschüttet. - Beim nächsten Querweg rechts Abstecher zum Ergenstein mit schönem Ausblick möglich. - Danach geht man die Rintstraße weiter abwärts, dann leicht aufwärts bis zur Schutzhütte vom Anfang der Rundwanderung. Hier links mit [Andreaskreuz] auf bekanntem Weg zurück nach Schönborn und die Hauptstraße abwärts zum Gasthaus Müller. Empfehlenswert ist auch ein Abstecher zur Kirche mit altem romanischem Wehrturm und neoromanischem Schiff.

Gasthaus-Pension R. Müller - Freundlicher Familienbetrieb mit gepflegten Gästezimmern. Die Sommerterrasse am Marktplatz und die gemütliche Gaststube mit Nebenräumen laden zum Verweilen ein. Gutbürgerliche Küche mit Rumpsteak, Schnitzel, Geflügel sowie Vesper mit Hausmacher Spezialitäten aus eigener Landwirtschaft. Sehr günstige Preise - ÖZ: 10-13.30 und ab 16.30 Uhr. - Ruhetag = Do.

TOUR
28

Katzenelnbogen - Klingelbach - Jammertal (- Kördorf) - Herold - Klingelbach - Katzenelnbogen

12½ km

4½ Stdn.

Charakteristik - Schöne Wanderung durch eine urtümliche Talschlucht, die Geländeschwierigkeiten, aber auch schöne Ausblicke und einen angenehmen Weg über Taunushöhen bietet. Eine kürzere Variante (9 km, 3 ¼ Stdn.) wird im Text beschrieben.
Anfahrt - A 66 Frankfurt-Wiesbaden, Ausfahrt Wiesbaden-Erbenheim, dann Richtung Hbf. Wiesbaden und weiter auf die Berliner Straße. Den ersten Ring auf die B 54 in Richtung Taunusstein befahren. Nach Burg-Hohenstein auf die L 322 Richtung Reckenroth, Katzenelnbogen bis Katzenelnbogen-Klingelbach. - Vom Hbf. Frankfurt mit RE 20 oder SE 20 nach Limburg. Dann mit der Lahntalbahn bis Diez und ab dort mit Bus Linie 580 nach Katzenelnbogen.
Parken - P in der Katzenelnbogener Stadtmitte.

Katzenelnbogen - Erstmals urkundlich erwähnt wurde Katzenelnbogen im Jahr 1095, doch das Gebiet war wohl schon wesentlich früher besiedelt. Der ungewöhnliche Name kommt wohl von der Lage des Ortes »an der kleinen Bachkrümmung« (Dörsbach). 1312 und - nach der Aberkennung 1816 - erneut 1962 wurden die Stadtrechte verliehen. 1479 starb das einflussreiche Geschlecht der Grafen von Katzenelnbogen aus und deren Besitz ging an Hessen über. Nach Kriegen, Plünderungen, wechselnden Herrschaftsverhältnissen, Epidemien und Hungersnöten erlebte Katzenelnbogen erst im 19. Jh. unter der Herrschaft des Herzogtums Nassau und unter preußischer Verwaltung einen Aufschwung. Bis zum Zweiten Weltkrieg dominierte die Landwirtschaft in dem Gebiet. Heute ist Katzenelnbogen Verwaltungssitz der gleichnamigen Verbandsgemeinde, die aus der Stadt (ca. 2200 Einwohner) und 20 umliegenden Gemeinden besteht. Das Wahrzeichen und älteste Gebäude der Stadt ist das von der Leyen'sche Haus, das 1584 als Nachfolgebau der zerstörten Burg entstand. Sehenswert ist auch das Einricher Heimatmuseum, das die ländliche Wohn- und Arbeitswelt, die Rolle der Grafen von Katzenelnbogen im Mittelalter und die Geschichte und Entwicklung der Einrich-Region beleuchtet. Lehrreich und unterhaltsam zugleich vermittelt der Walderlebnispfad mit 19 Mitmach- und Informationsstationen viel Wissenswertes rund um die Tier- und Pflanzenwelt im Lebensraum Wald. Außerdem kann man rund um Katzenelnbogen zwischen zahlreichen Wander- und Nordic-Walking-Strecken wählen. Sport- und Freizeitanlagen stehen ebenso zur Verfügung wie ein modernes Freibad. Der Höhepunkt im Veranstaltungskalender ist der Bartolomäusmarkt am vorletzten Augustwochenende.

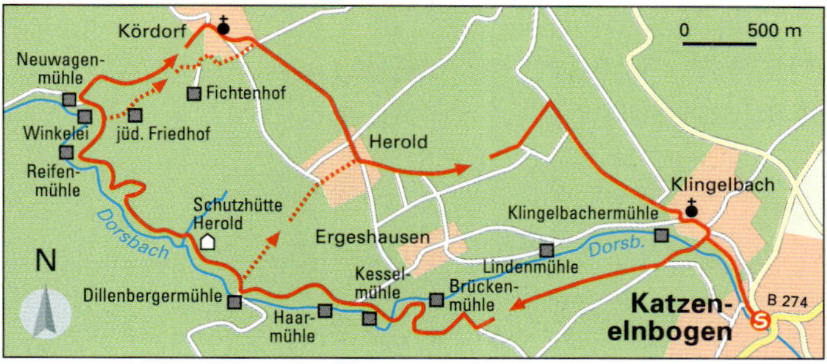

➡Katzenelnbogen - Klingelbach - Jammertal (- Kördorf) - Herold - 3 ¼ Stdn. - Von der Katzenelnbogener Stadtmitte über Obertalstraße, dann links in die Lahnstraße und von dieser am Wegkreuz links in die Waldstraße abbiegen. Am Ortsende über den Dörsbach (rechter Hand befindet sich hier die Klingelbachermühle), aufwärts zum Waldrand und mit [Schwarzem Punkt] nach rechts. Mit Blick auf die Lindenmühle aufwärts in den Wald, dann rechts steil abwärts zum Jammertal vor der Brückenmühle. Hier scharf links und auf der Teerstraße über die Brücke, an der Kesselmühle vorbei. Weiter auf Schotterweg rechts aufwärts und vor der Haarmühle mit Fischteichen wieder abwärts. Vor der Dillenbergermühle, die linker Hand über dem Bach zu sehen ist, rechts aufwärts und gleich wieder links abwärts. Danach geht es rechts aufwärts weiter bis zum Schild [Gasthof Dörsbachhöhe]. - Der kürzere Weg führt jetzt geradeaus aufwärts [ohne Markierung] aus dem Jammertal heraus und nach etwa 1 km in Herold auf die Hauptstraße. - Der längere Weg führt mit dem [Schwarzen Punkt] die Treppe steil abwärts über einen Bach. Hier beginnt der engste Teil der Schlucht **(!)**, gutes Schuhwerk und Trittsicherheit empfohlen. An der Schutzhütte Herold links abwärts am Bach entlang, bis links die Reifenmühle auftaucht. Auf dem Weg befindet sich die neue Schutzhütte Kördorf mit Tischen und Bänken und einer kleinen Brücke. Gegenüber sind die Ruinen der Jammertalmühle zu sehen. Rechts führt ein Weg **(!)** [ohne Markierung] aus dem Tal hinauf zum Aussichtsfelsen Winkelei mit grandiosem Blick ins Dörsbachtal. Hier rechts aufwärts auf eingeschnittenem Pfad zum Waldrand. Nach wenigen Schritten kommt links im Wald der alte jüdische Friedhof in Sicht. Auf Feldwegen weiter zum halb rechts liegenden Fichtenhof. Von hier auf Teerweg bis kurz vor Kördorf, dann rechts aufwärts, wieder links und an einem P rechts aufwärts zur Höhe. - Vom AP Winkelei kann man auch zurück zum Weg mit [Schwarzem Punkt] und rechts zur Teerstraße vor der Neuwagenmühle gehen. In der Talschlucht rechts aufwärts, am P Kördorf vorbei ins Dorf und an der Kirche rechts bis zum Dorfende. Hier kreuzt der Winkeleiweg von rechts. - Auf Teerweg abwärts nach Herold, Hauptstraße links und über die Durchgangsstraße.

➡Herold - Klingelbach - Katzenelnbogen - 1 ¼ Stdn. - Auf der Durchgangsstraße einige Schritte nach links und dann geradeaus in die Kohlstraße. Der Teerstraße folgend übers Feld zu einer Ruhebank. Hier rechts abwärts nach Klingelbach und weiter nach Katzenelnbogen.

TOUR
29

12 km

3 Stdn.

Rettert - Niedertiefenbach - Wildweiberhöhle - Rettert

Charakteristik - Abseits der Touristenströme bietet dieser Rundweg vor allem beschauliche Eindrücke. Naturliebhaber können mit etwas Glück heimische Wildtiere wie Rotwild oder Graureiher in ihrer natürlichen Umgebung beobachten.
Anfahrt - A 66 Frankfurt - Wiesbaden bis Ausfahrt Wiesbaden-Frauenstein, dann B 260 Richtung Bad Schwalbach über Holzhausen nach Rettert. - Buslinie 203 Wiesbaden - Nastätten. - Buslinie Diez - Katzenelnbogen. Besonders an Wochenenden z. T. nur wenige Busse (vorher informieren!).
Parken - P für Gäste beim Hotel Restaurant Landgasthof Gemmer.

Hintertaunus - In nordöstlicher Richtung vom Taunuskamm - dem Hochtaunus - fällt der Hintertaunus weitläufig und flach zur Lahn hin ab. Der so genannte Goldene Grund mit den Flüsschen Ems und Wörsbach unterteilt den Hintertaunus in zwei Teile. Der westliche Teil gehört überwiegend zum Bundesland Rheinland-Pfalz. Das Gebiet unterstand lange den Herren von Katzenelnbogen und später Nassau. Die mäßige Güte der Böden bringt es mit sich, dass überwiegend Waldbau und Viehhaltung betrieben werden.
Rettert - Im Staatsforst Katzenelnbogen gelegen, ist Rettert weitgehend von der Land- und Forstwirtschaft geprägt. Das bemerkenswerteste Bauwerk der Stadt ist die Pfarrkirche mit ihren barocken Fassaden. Besonderheiten stellen der romanische Westturm, der gotische Helm und der schöne Kanzelorgelaltar dar. Ähnliche Bauten finden sich in der Umgebung häufiger, so u. a. in Holzhausen a. d. Haide, Dörsdorf oder Reckenroth.
Rettert - Niedertiefenbach - Wildweiberhöhle - 2 Stdn. - Vom Landgasthof »Gemmer« rechts die Rheinstraße in Richtung Holzhausen. Am Linksknick den Hollermühler Weg geradeaus. Aus Rettert ins freie Feld abwärts. Nach 1 km Abzweig rechts Wegweiser [Hollermühle]. Der Weg führt nun am Hasenbach entlang. Die Hollermühle passieren und weiter dem Bachlauf folgen. Auch die darauf folgende Plätzermühle links passieren. Kurz nach der Mühle beginnt die Markierung [Schwarze Raute]. Diesem Symbol folgen, dabei nicht **(!)** die Bachseite wechseln. Am nächsten Abzweig einen schmalen Pfad nahe des Baches entlang. Es folgt ein romantischer und beschaulicher Abschnitt am Hasenbach. Der Pfad verläuft z. T. durch dichten Wald. Wo sich der Pfad in ein freies Feld hinein öffnet, bietet sich ein herrlicher Blick auf Niedertiefenbach. Weiter in den Ort hinein, rechts in die Talstraße und dann die Waldstraße links aufwärts. Bis zum Ortsende und weiter auf-

wärts in den Wald. Der Weg verläuft hier an einem Hang. Rechts beginnt eine langgezogene Lichtung. Am Ende der Lichtung befindet sich rechter Hand eine kleine Brücke. Diese überqueren, dann Weg rechts. Geschwungenen Waldweg aufwärts. Nach 1 km erscheint links die

Wildweiberhöhle - Der Sage nach trifft die Bezeichnung »Wildes Weib« auf eine gute Fee zu, die nachts armen Menschen hilft. Man sagt, sie hause im einsamen Wald in einer Felsspalte. Die Wildweiberhöhle ist keine echte Höhle, sondern eine Verwerfung uralter Sedimente. Die Gesteinsschichten bilden neben beeindruckenden Formen auch die besagte Felsspalte.

Wildweiberhöhle - Rettert - 1 Std. - Weiter dem Waldweg aufwärts folgen. An Kreuzung breiten Weg rechts. An der nächsten Kreuzung dann geradeaus aufwärts. Nach 500 m rechts schöner Ausblick über Felder und Höhen der Umgebung. Weiter geradeaus in Richtung Rettert. In den Ort hinein, Straße Zur Ringmauer. Am Straßenende links in die Rheinstraße, diese geradeaus bis zum

Hotel Restaurant Landgasthof »Gemmer« - Zentrale Lage. Komfortable und behagliche Zimmer. Gemütliche Gasträume mit Innenhof. Gesellschaftsräume. Familiäre, wohltuende Atmosphäre. Gutbürgerliche Küche mit vielfältigem Angebot. Alle vier Wochen neue Spezialitäten der Saison. Zum über 250-jährigen Anwesen der Familie gehört auch eine eigene Kornbrennerei. Mittlere Preise. - Ruhetag = Mo.

Erweiterter Wandervorschlag: Römerkastell Limesweg - etwa 1 Std. - Vom Landgasthof Gemmer links das Dorf hinauf. Vor dem

Blick zum Taunus

Sportplatz rechts bis zum asphaltierten Querweg. Dort links in Richtung Rotherhof. Am Ende der Geraden rechts auf den Schotterweg und mit Markierung [Rettungsweg] aufwärts zum Steinwald. Den alten Bahndamm der Nassauischen Kleinbahn, der bis in die 50er Jahre St. Goarshausen und Zollhaus verband, überqueren und geradeaus der Hessenstraße folgen. Im Steinwald rechts am Hochbehälter vorbei, dann geradeaus bis zu einer Schutzhütte. Links ab zum Römerkastell, welches vermutlich im Jahre 190 n. Chr. erbaut wurde.

TOUR **30**

Holzhausen über Aar - Michelbach - Breithardt - Holzhausen

12 km

3 Stdn.

Charakteristik - Lohnende Rundwanderung mit mäßigen Steigungen, herrliche Panoramablicke u.a. zum Großen Feldberg/Ts. Am Anfang auch durch Wald, später mehr über freies Feld und Wiesen. Am Segelflugplatz gibt es bei Flugbetrieb die Möglichkeit, an Rundflügen teilzunehmen, dies sollte am Startpunkt angemeldet werden. Der Rundweg kann auf 7½ km, 2 Stdn. verkürzt werden.

Anfahrt - A 3, Abfahrt Idstein, auf der K 707 über Ehrenbach zur B 417 Richtung Limburg. Auf die L 3274 in Richtung Oberlibbach abbiegen, durch Niederlibbach, Strinz Margarethä, Breithardt, Hohenstein bis Holzhausen über Aar. (15 Min.) - Von Wiesbaden auf der B 54 vorbei an Bad Schwalbach Richtung Aarbergen, Wegweiser [Breithardt/Holzhausen]. Das Gasthaus & Hotel Zum Grünen Wald liegt im Zentrum in der Klosterstraße. - Regionalbusse RTV Linien 245 und 247, mit Verbindungen nach Bad Schwalbach, Taunusstein-Hahn und Wiesbaden.

Parken - Gäste-P beim Gasthof & Hotel Zum Grünen Wald bzw. in der Klosterstraße.

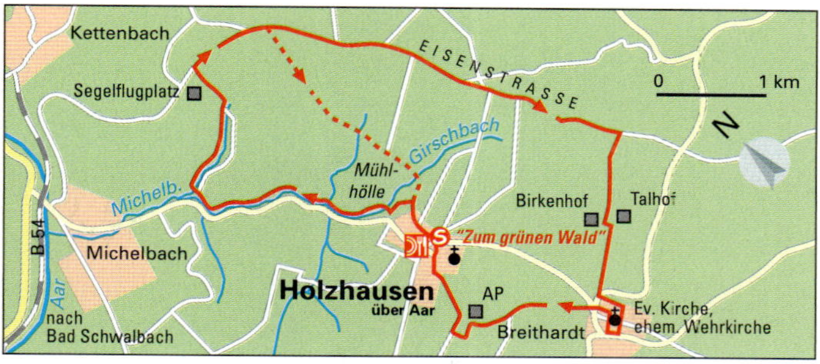

Der Rundweg - Mit dem Rücken zum Haupteingang des Gasthofes links, Klosterstraße bis in die Rechtskurve und links in den Daisbacher Weg. Leicht aufwärts, vorbei am Friedhof, geradeaus Wegweiser [Radweg Eisenstraße]. Auf Teer diesem über freies Gelände für ca. 250 m folgen. Dann zunächst links auf Schotter abwärts und rechts auf einem Teerweg bis zur Kläranlage. Dort links, Wegweiser [Sonnenweg Michelbach 40 Min.]. Zwischen Wiesen und Waldrand entlang, immer vorbei an Bänken, Sitzgruppen und bizarren Felsen abwärts bis Kreuzung mit Asphaltweg, Wegweiser [Sonnenweg Holzhausen 40 Min.]. Dort für ca. 100 m links und dann scharf rechts auf Teer. Es folgt ein Waldweg mit der Markierung [Brauner Hase]. Diesen aufwärts, vorbei am Wasserwerk bis zur Gabelung. Hier rechts halten (Markierung verschwindet) und weiter [ohne Markierung] auf Wiesenweg am Waldrand entlang. Auf der Strecke zum breiten Fahrweg Leitungsmasten Nr. 3 - 8 passieren, den Fahrweg queren und geradeaus vorbei an den Masten Nr. 9 und 10 zum Waldrand. Links aufwärts zur Höhe, vorbei am Hangar des Segelflugplatzes (Rundflüge möglich) zum breiten Querweg (Eisenstraße). Mit [Rotem Balken] rechts durch den Wald bis zur Abzweigung eines breiten Fahrweges nach rechts. **(!)** - Hier führt die Abkürzung nach rechts abwärts immer gerade bis zum Friedhof und den Hinweg zurück zum Gasthof & Hotel Zum Grünen Wald. - Geradeaus weiter, bis zum Waldrand, leichte Rechtskurve und immer gerade mit [Rotem Balken] weiter. Zunächst auf Asphalt durchs freie Feld, später folgt Schotter, dann für ca. 25 Min. am Waldrand entlang. Es folgt ein kurzes Waldstück. Weiter übers freie Feld, auf zwei große Windräder zu. Dort zwischen Hecken rechts **(!)** [ohne Markierung] abwärts auf einem breiten Fahrweg, später auf geteertem Weg, zum Wiesenbach mit den Gehöften Birkenhof und Talhof. Weiter in Richtung Breithardt, L 3274 queren, und geradeaus mit Wegweiser [Kath. Kirche] am kleinen Gotteshaus von Sankt Klemens-Maria-Hofbauer vorbei. Rechts abwärts über die Brücke gerade zur Ev. Kirche, die mit ihrem mächtigen Turm im Mittelalter als Wehrkirche diente, und dem Gemeindezentrum von Breithardt mit Bürgerhaus und altem Rathaus. Rechts wenige Meter auf der Hauptstraße und wieder rechts in die Glockengasse. Dieser bis zum Ortsrand folgen und vorbei am Haus Nr. 25 geradeaus für ca. 100 m. Nach **(!)** dem gelben Ortsendeschild [Holzhausen über Aar 2 km] hinter der Kurve links auf Asphalt (Schild: Zufahrt bis Containerstandort frei). [Ohne Markierung] ins freie Feld aufwärts, vor-

Fernsicht zum Großen Feldberg

bei an Scheune und mehreren Gasleitungspfosten mit rotem Dach, später auf Schotterweg bis zur Höhe (Aussichtspunkt zum Großen Feldberg/ Ts.) und weiter bis zum Teerweg. Hier rechts abwärts nach Holzhausen über Aar bis zur Festerbachstraße, dann wieder rechts bis Babbelborn und nochmals rechts in die Klosterstraße und zum Gasthaus & Hotel Zum Grünen Wald zur wohlverdienten Rast.

Gasthaus & Hotel Zum Grünen Wald - Der Name des Gasthauses »Zum Grünen Wald« verweist auf die schöne Lage in einem der waldreichsten Gebiete Hessens. Es ist seit 1880 in Familienbesitz, verfügt über moderne Fremdenzimmer und Gasträume und wurde bei der Deutschen Hotelklassifizierung mit zwei Sternen ausgezeichnet. Es bildet einen ausgezeichneten Ausgangspunkt für erlebnisreiche Ausflugs- und Wandertouren. Die Atmosphäre ist gemütlich und familiär, die Küche variiert zwischen gutbürgerlichen Speisen und regionalen Spezialitäten und hält auch Kinderteller bereit. Bier vom Fass, offene Rheingauer Weine. Untere bis mittlere Preislage. - ÖZ: täglich durchgehend bis 21.30 Uhr, Ruhetag = Mi. (nur Restaurant).

TOUR
31

Wiesenmühle - Holzhausen über Aar - Michelbach - Wiesenmühle

Charakteristik - Lohnende Rundwanderung mit einigen längeren, jedoch mäßigen Steigungen, für deren Anstrengung man durch die herrlichen Panoramablicke, u. a. zum Feldberg/Ts., belohnt wird. Die Markierung der Wege ist bis Michelbach gut. Von Michelbach bis zum Auftreffen auf die Markierung [Liegendes U] im Wald bleibt man immer auf dem Aar-Höhenweg.
Anfahrt - A 3 Frankfurt - Limburg, Ausfahrt Limburg-Nord, auf B 54 über Diez Richtung Bad Schwalbach bis Burg Hohenstein. Der Landgasthof Wiesenmühle liegt direkt an der B 54 rechts am Ortsanfang Unterdorf.- A 3, Abfahrt Idstein, B 275 Richtung Taunusstein, B 54 über Bad Schwalbach bis Burg Hohenstein-Unterdorf.
Parken - Großer Gäste-P beim Landgasthof Wiesenmühle.

15½ km

4½ Stdn.

Burg Hohenstein - Die majestätisch über dem Aartal gelegene Burg wurde 1190 durch die Grafen von Katzenelnbogen und die Grafen von Nassau-Laurenburg erbaut und 1422 durch Johann III. erweitert. Im Dreißigjährigen Krieg wurde die Burg trotz verstärkter Befestigungsanlagen zerstört und verfiel danach vollends zur Ruine, die 1815 an Nassau, 1866 an Preußen und 1949 an das Land Hessen überging. Heute gibt es hier ein Hotel-Restaurant und im Sommer finden auf der Freilichtbühne im Innenhof die Burgspiele statt.

Wiesenmühle - Holzhausen über Aar - Michelbach - 3 Stdn. - Vom Gäste-P des Landgasthofes Wiesenmühle links ein kurzes Stück auf der B 54 Richtung Ortsausgang, erster Weg rechts, Markierung [Liegendes U] und Wegweiser [KFH]. Aufwärts auf Fels- und Schotterweg durch den Wald, unter Stromleitungen hindurch, vorbei am KFH-Gelände. Stetig aufwärts, ein kurzes Stück zusammen mit dem Aar-Höhenweg, am Waldrand vorbei. Mit [Liegendem U] über freies Gelände, in den Wald, vorbei an P Rothenberg, geradeaus (Feldweg geht in Teerweg über) vorbei an Hochbehältern, abwärts nach Holzhausen. Straße Am Roten Berg abwärts, rechts Bohlenstraße bis Hs. Nr. 1 und Querstraße. Diese überqueren und geradeaus auf schmalem Weg weiter Markierung folgen bis zur Klosterstraße. Links Klosterstraße bis in Rechtskurve. Dort Markierung [Liegendes U] verlassen **(!)** und links in Daisbacher Weg, leicht aufwärts, vorbei am Friedhof, geradeaus, Wegweiser [Radweg Eisenstraße]. Auf Teer diesem lange Zeit immer über freies Gelände, vorbei an einer jungen Streuobstwiese, durch ein paar Senken geradeaus folgen, bis zu breitem Querweg am Waldrand. Jetzt auf Kiesweg geradeaus in und durch den Wald bis zur T-Kreuzung Eisenstraße. Hier links mit Markierung [Roter Balken] und [X] (Europ. Fernwanderweg Nr. 1)

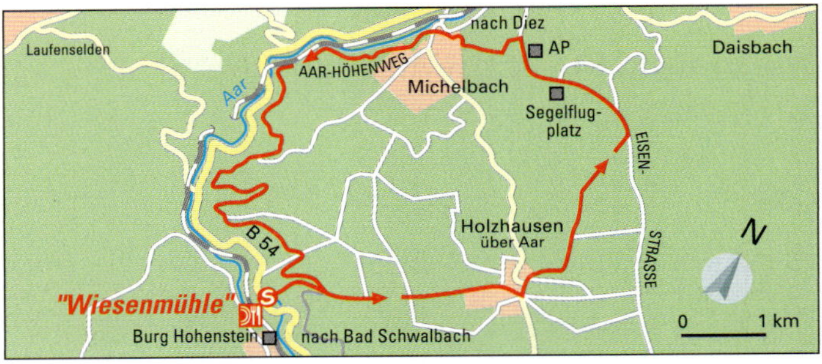

weiter geradeaus auf breitem Weg durch den Wald, vorbei am Segelflugplatz und dann über freies Gelände mit toller Aussicht, bis die Markierung [Roter Balken] links **(!)** abbiegt. Dem [Roten Balken] abwärts folgen, zunächst auf Kies-, später auf Teerweg, immer leicht abwärts bis zum Ortsrand von Michelbach, Hüttenstraße, rechts Brühlstraße, rechts Hauptstraße abwärts.

➡ Michelbach - Wiesenmühle - 1 ½ Stdn. - Ein Stück der Hauptstraße abwärts folgen, ca. 60 m vor den Bahngleisen links **(!)** aufwärts, Mühlstraße mit Wegweiser [Aar-Höhenweg] immer geradeaus, vorbei an Pension Schönblick, und auf breitem Schotterweg in den Wald mit Markierung [Aar-Höhenweg]. Dieser immer folgen bis zum Zusammentreffen mit der Markierung [Liegendes U], scharf rechts auf Fels- und Schotterweg abwärts, vorbei an KFH-Gelände bis zur B 54, links ein kurzes Stück bis zum Landgasthof Wiesenmühle und zum P.

Landgasthof Wiesenmühle - Am Ortsrand gelegen. Komfortable, ruhig gelegene Gästezimmer. Sauna und Solarium. Großer Biergarten mit schönem Blick auf Burg Hohenstein. Familiäre, gemütliche Atmosphäre. Schmackhafte, regionale Küche. Wöchentlich wechselnde Tageskarte. Wild aus heimischen Wäldern, Vesper, vegetarische Kost. Vom Wiesenmühler Wirt selbst hergestellte Brände - Raritäten aus Wald und Flur - z. B. aus der Himbeere, Vogelbeere, Schlehe, Holunderbeere und -blüte sowie Apfelweinspezialitäten runden das Angebot ab. Kuchen und Torten aus eigener Konditorei. Mittlere Preislage. - ÖZ: Ab 11.30 Uhr durchgehend geöffnet. - Ruhetag = Mi.

Bad Schwalbach - Historischer Stadtrundgang

Anfahrt - A 66 Wiesbaden - Rüdesheim und B 260 über Schlangenbad. - A 3 Köln - Frankfurt, Abfahrt Idstein und B 275. – Busverbindungen ab Wiesbaden Hbf.: NVG 203 (Nassauische Verkehrsgesellschaft) - ORN 274 und 275 (Omnibusverkehr Rhein-Nahe) ab Wiesbaden Hbf.
Parken - (P) im Zentrum am Kurhaus, Stadthalle, (P) Jahnplatz.

Bad Schwalbach - Das ganz im Grünen gelegene Staatsbad bietet seinen Gästen Ruhe und Erholung, aber auch viel Gelegenheit zu abwechslungsreichen Aktivitäten.
Aus der Geschichte - Als »Langinswalbach« wird der Ort 1352 erstmals genannt. - 1581 rühmt der Doktor Tabernaemontanus die heilende Wirkung des hiesigen Quellwassers. Alsbald strömen Heilung suchende Fürstlichkeiten aus ganz Europa herbei. - Vor allem im 18. und 19. Jh. glänzt die Stadt als Luxusbad ersten Ranges. Sisi, die Kaiserin Elisabeth von Österreich, und auch ihr Cousin, König Ludwig II. von Bayern, gehören zu den berühmtesten Gästen.
Die Naturheilmittel - Die kohlensäurereichen Eisensäuerlinge, die hier aus dem Boden sprudeln, wirken heilungsfördernd bei Herz- und Gefäßerkrankungen, Frauen- und rheumatischen Krankheiten. Außerdem ist das wohltuende und heilsame Moor, das im Gerstruthtal langsam heranreift, der Gesundheit überaus dienlich.

Zug der Bad Schwalbacher Kurbahn bei der Einfahrt in die Station Moorbadehaus im Kurpark Bad Schwalbach

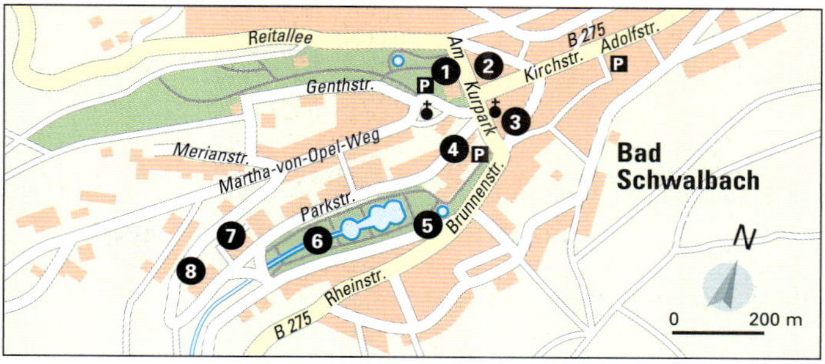

Der Rundgang - Dem Kurviertel geben drei- und viergeschossige Wohnbauten vom Anfang des 19. Jh. ein klassizistisches Gepräge. Dessen Herz bildet das 1) Kurhaus, 1874-1878 erbaut von Ph. Hoffmann. Wohlproportionierter freistehender Baukörper mit klarer Linienführung in klassizistischen Stilformen. Erhöhter Mittelbau ausgezeichnet durch offene Loggia mit eleganter Säulenarkade. - Gegenüber liegt das 2) Ehem. Rotenberger Schlösschen. Es wurde 1602-1610 für Landgraf Moritz von Hessen erbaut. Der schöne Fachwerkinnenhof wird durch einen offenen Laubengang mit Holzstützen geprägt. - Benachbart ist die 3) Kath. Pfarrkirche St. Elisabeth, ein 1915/16 erbauter Jugendstilbau mit neuromanischen und klassizistischen Stileinflüssen. - Schräg gegenüber der Kirche führt ein Fußweg zum Kurpark. - 4) Kohlensäure-Stahlbad, 1828/29 von H. J. Zengerle errichtet. Lang gestreckter Bau, der im Erdgeschoss schmucke Rundbogenfenster zwischen Pilastern aufweist. Die erste öffentliche Badeanstalt ermöglichte einen zentralen Gebrauch der gesundheitsfördernden Kohlensäure-Mineralquellen. - 5) Weinbrunnen. Nach dem Park offene Kolonnade. F. Hoffmann nennt den Brunnen bereits 1730 »Königin der Mineralquellen«, und der Frankfurter Pfarrer A. Kirchner preist 1818 sein »wohlschmeckendes, wirksames, thautropfenhelles Mineralwasser - das köstlichste, welches weit und breit zu finden ist«. - Ein Spaziergang durch den 6) Kurpark ist lohnend, denn dieser ist in einem reizvollen Wiesental gelegen, welches unmerklich in die Wälder und Täler des Taunus führt. - An der hinteren Seite des Parks befinden sich das 7) Moorpackungshaus und das 8) Moorbadehaus, in dem die Kurverwaltung untergebracht ist. Hier beginnt auch der Nordic Walking Park. Die wohltemperierten Moorbreibäder und -packungen werden grundsätzlich mit dem wertvollen heimischen Mineralwasser angesetzt. Hier kann sich nun ein Spaziergang durch das Menzebachtal anschließen oder der Rückweg durch den Kurpark zurück zum Ausgangspunkt.

Kurhaus Bad Schwalbach

TOUR
33

Bad Schwalbach/Kurpark - Waldsee - Moorgruben - Kurpark

6 km

2 Stdn.

Charakteristik - Der Wanderweg führt durch schöne Bachtäler zum reizvoll gelegenen Waldsee und zu den Moorgruben im Gerstruthtal. Teilweise wird auf dem Waldlehrpfad gewandert. Dort sind immer wieder Informationstafeln aufgestellt, die Wissenswertes über Flora und Fauna vermitteln. Wenn man an allen Tafeln zum Lesen und Schauen anhält, muss man etwas mehr Zeit einplanen. Im Sommer reizt eine Fahrt mit der Kurbahn.
Anfahrt - wie S. 89. - Bushaltestelle Kurhaus Bad Schwalbach, ca. 200 m vom Café Wagner entfernt.
Parken - P gegenüber vom Café Wagner (gebührenpflichtig von Mo-Fr.) oberhalb des Kurparks an der Brunnenstraße.

Die Bad Schwalbacher Kurbahn (BSK) - Zwischen Moorbadehaus und Moorgruben verkehrt im Sommer ab April bis Ende Oktober immer an Sonn- und Feiertagen die historische Kurbahn im 45-Minuten-Takt. Die ehemalige Moorbahn mit einer Spurweite von nur 600 mm transportierte ab 1926 bis zur Einstellung 1991 Moor aus den Gruben über eine ca.1 ½ km lange Schmalspur zum Moorbadehaus. Sie steht unter Denkmalschutz und wird heute vom Bad Schwalbacher Kurbahn-Verein e. V. als Ausflugsattraktion mit Personenbeförderung betrieben. - Informationen: Telefon/Fax 06124/724362, e-mail: info@kurbahn.info oder www.kurbahn.info. - Auf dem Hinweg bietet sich eine Rundfahrt (Zeit ca. 30 Min.) ab Haltestelle Moorbadehaus an, auf dem Rückweg kann ein Teil der Wanderstrecke ab Haltestelle Moorgruben per Bahn bewältigt werden.
Der Rundweg - Vom Café Wagner Brunnenstraße abwärts, Am Kurpark, bis links mit Wegweiser [Kurpark, Goetheplatz 2 und 1] die Markierung [Schwarzer Punkt] abgeht. Dieser folgen, zuerst oberhalb des Kurparkes, dann durch den Kurpark bis auf die Parkstraße. Parkstraße geradeaus, dem [Schwarzen Punkt] folgen, vorbei am Moorpackungshaus und Moorbadehaus. Hinter dem Moorbadehaus auf dem unteren Weg (Waldlehrpfad) weiter der Markierung folgen, zur BSK-Kurbahnstation Moorbadehaus, vorbei am Minigolfplatz, der ehemaligen Moorbahn und Tennisplätzen bis zum Waldsee. Dem [Schwarzen Punkt] folgen bis zum Waldseetempel am zweiten kleineren See (Infotafeln zu Kneipp und Bienen). Dort geradeaus dem Wegweiser [Gleisbachtal] folgen, an der Gabelung links aufwärts bis zum Querweg mit der Infotafel »Einheimische Singvögel«. Dann links, wieder Auftreffen auf Waldlehrpfad, geradeaus bis zur Hein-Moeller-Hütte. Dort Linkskurve, Wegweiser [Gleisbachtal] folgen, Gleisbach überqueren und weiter bis zur nächsten

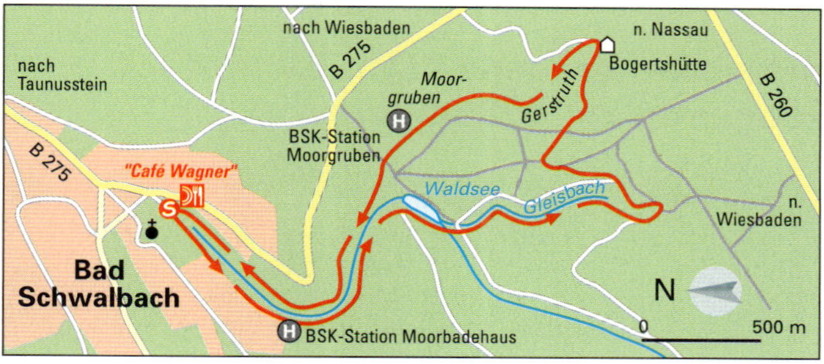

Gabelung. Dort geradeaus, mit Wegweiser [Gerstruthtal/Moorgruben, Bogertshütte 1,1 km] aufwärts. An der nächsten Abzweigung weiter geradeaus, Wegweiser [Bogertshütte], bis zur Hütte weiterwandern. Links abwärts, Wegweiser [Zum Kurpark 1,6 km], auf Waldlehrpfad zuerst auf Wald- und dann auf Teerweg vorbei an den Moorgruben und weiter geradeaus, oberhalb des Schwalbenbrunnens (eisen- und kohlesäurehaltige Heilquelle, Trinkgelegenheit und Kneipp-Barfußpfad), der Tennisplätze und des Minigolfplatzes weiter, bis hinter dem Minigolfplatz ein Pfad links abwärts auf den tiefer liegenden Teerweg führt. Dort abwärts, dann rechts vorbei am Paulinenbrunnen (benannt nach Herzogin Pauline von Nassau, der zweiten Frau Herzog Wilhelms von Nassau und mit dem Rosenbrunnen in einer Fassung vereint; das eisenhaltige Wasser wurde einst gegen Blutarmut bei Frauen angewandt und wird heute ausschließlich für Bäder genutzt), geradeaus Straße überqueren und weiter durch den Kurpark, vorbei am Brunnenhaus. Hinter dem Brunnenhaus durch die Wandelhalle bis zum Ende. Nach dem Verlassen der Wandelhalle halb rechts auf einem Weg mit seitlichem Geländer und einigen Stufen aufwärts bis zur Straße. Dort links abwärts bis zum P und zum Café Wagner.

Café Wagner - Schon Kaiserin Sisi besuchte dieses zentral gelegene, traditionsreiche Haus. Im gepflegten Ambiente der Gasträume mit schöner Jugendstildecke und kleiner Terrasse genießt man die Kuchen und Torten des Konditormeisters mit Pfiff, Spezialität ist der Käsekuchen. Außerdem werden kleine Speisen, Suppen und belegte Brote angeboten. Gutes Preis-Leistungs-Verhältnis. - Kein Ruhetag.

TOUR
34

Schlehborner Heide - Dornbachtal - Langenseifen - Schlehborner Heide

10 km

3½ Stdn.

Charakteristik - Reizvoller Rundweg hinab in das Wispertal mit längeren, mittleren bis leichten Steigungen auf die Taunushöhen, über eine große Freifläche der Heide, wo einige Bänke zum Verweilen einladen, und weiter bis zum Waldrestaurant. Der Rundweg lässt sich auf 12 km (Gehzeit 4 Stdn.) erweitern, siehe Alternative.
Anfahrt - Von Lorch Richtung Bad Schwalbach durch das Wispertal bis Abzweigung Langenseifen, durch den Ort bis zum P. - Vom Lahntal bzw. Walluf auf der Bäderstraße B 260 Richtung Bad Schwalbach, in der Nähe dann auf die L 3374 Richtung Langenseifen/Lorch. Das Waldrestaurant Schlehborner Heide liegt außerhalb des Ortes direkt an der L 3374. - Busverbindung mit dem Omnibusverkehr Rhein-Nahe, ORN Linien 212 und 213 von und nach Bad Schwalbach.
Parken - P im Wald direkt gegenüber dem Restaurant oder 150 m weiter P Naturpark Rhein-Taunus.

Waldrestaurant-Terrassencafé Schlehborner Heide - Die Heide, auf 500 m ü. d. M. gelegen, ist eine freie Hochfläche mit heideähnlicher Vegetation und bietet weite Rundblicke über die Taunushöhen bis zum Hunsrück. Das reizvoll gelegene Langenseifen ist seit 1972 ein Stadtteil von Bad Schwalbach. Das mitten im Wald gelegene Restaurant wurde 1930 als solches umgestaltet, bietet 80 Gästen Platz und besitzt eine einladende Sonnenterrasse. Gutbürgerliche Küche mit täglich wechselnder Karte. Eigene Konditorei. Bier vom Fass, offene Weine. Mittlere Preislage. - ÖZ: Fr.,Sa.,So. 11-18 Uhr, zusätzliche ÖZ im Sommer und an Feiertagen bitte erfragen.

Der Rundweg - Vom Waldrestaurant Schlehborner Heide 50 m rechts gegenüber auf breitem Forstweg abwärts, Wegweiser [Ramschied],

nach 250 m rechts abwärts und auf diesem breiten Weg immer abwärts bis zur Kläranlage Ramschied im Dornbachtal und zum Wisperwanderweg, Markierung [W] und Zusammentreffen mit der unten beschriebenen Wegvariante. Dort (links) talabwärts, [W] immer folgen, Markierung auf Baum etwas undeutlich **(!)**, weiter talabwärts. An Gabelung rechts auf kleinem Pfad weiter talabwärts bis zum erneuten Auftreffen auf einen breiten, geschotterten Querweg. Hier links ein kurzes Stück auf dem Schotterweg und dann wieder rechts weiterwandern, vorbei an einem Campingplatz bis zu einem Querweg. Auf diesem rechts abwärts, bis kurz vor dem Campingplatz (hier Zugangsmöglichkeit für Campingfreunde!) links ein Weg abgeht (Markierung [W] auf der Rückseite eines Verkehrsschildes vor dem Campingplatz). Links leicht aufwärts, auf einem Wiesenweg weiter talabwärts oberhalb des Dornbaches, dann auf einem kleinen Pfad durch den Wald. Über einen kleinen Bach, weiter bis der Pfad auf einen Querweg auftrifft. Auf diesem Querweg rechts abwärts bis zum Auftreffen auf einen breiten Schotterweg. Links auf Schotterweg aufwärts, [W] folgen, bis diese Markierung rechts abzweigt und von rechts die Markierung [Gelber Balken] kommt. Hier [W] verlassen **(!)** und geradeaus aufwärts dem [Gelben Balken] auf dem Schotterweg folgen. Der Schotterweg geht mal leichter und mal stärker aufwärts mit ein paar Kurven durch den Wald, dann ein Stück über freies Gelände und dann links am Waldrand bzw. an Hecken vorbei, bis der Schotter in Teerbelag übergeht. Geradeaus weiter auf dem Teerweg, an der Kreuzung geradeaus, bis die Markierung [Gelber Balken] auf einer Ruhebank nach links abgeht. Weiter über freies Gelände ca. 150 m. An der Gabelung rechts (Markierung fehlt!) über freies Gelände weiter leicht aufwärts, vorbei an den Hecken, die mal rechts und mal links stehen, immer geradeaus weiter bis zum Auftreffen auf einen Teerweg. [Gelben Balken] verlassen **(!)**, [ohne Markierung]

Dornbach-Zusammenfluss

geradeaus, vorbei an einer Grillhütte, rechts zur L 3374. Diese queren, aufwärts zum freien Feld, links zur Windschutzhecke, dann rechts an der Hecke entlang. Links über Felder zum Waldrand, links aufwärts bis zur ersten Abzweigung (AP mit Rundblick), rechts [ohne Markierung] durch den Wald, vorbei am P Naturpark zur »Schlehborner Heide«.

Alternative (in der Skizze gestrichelt) - 2 km - ½ Std. länger - Vom Restaurant rechts entlang der L 3374 und dem Zaun zum Kurweg »24«, parallel zur Straße bis zu den Bauernhöfen. L3374 queren, [ohne Markierung] zwischen den zwei Höfen abwärts auf breitem Teerweg über freies Gelände bis zum ebenfalls geteerten Querweg. Hier rechts abwärts mit einigen Kurven weiter bis zu den ersten Häusern von Ramschied. Am Weißen Stein weiter abwärts bis zur L 3033 (Wisperstraße). Diese links abwärts, ca. 350 m bis zum Wisperwanderweg [W], links aufwärts und immer der Markierung [W] meist parallel zur L 3033 oberhalb des Dornbaches folgen bis zur Kläranlage Ramschied, dann weiter wie oben.

TOUR **35**

Schlangenbad - Rheingaublick - Hansenkopf - Schöne Aussicht - Schlangenbad

10 km

3 Stdn.

Charakteristik - Anspruchsvolle Rundwanderung mit mittleren bis steilen Anstiegen auf den 495 m hohen Hansenkopf, vorwiegend durch Wald. Immer wieder prächtige Weitblicke. Gegen Ende teilweise schroffe Abstiege nach Schlangenbad. Höhendifferenz ca. 180 m. Festes Schuhwerk unbedingt erforderlich.
Anfahrt - Von Wiesbaden A 66, Ausfahrt Bad Schwalbach/Schlangenbad, dann B 260 Bäderstraße, abbiegen nach Schlangenbad-Süd.
Parken - Nach der Einfahrt Schlangenbad, hinter dem Kreisverkehr links P Badweg.

Schlangenbad - Rheingaublick - 1¼ Std. - Vom P Badweg aus Rundwanderweg [Roter Hirschkopf] folgen, der in Haarnadelkurven teilweise steil ansteigt. Nach etwa 800 m durch Buchen- und Eichenwald verläuft die Route auch auf dem Rheinsteig und anderen Markierungen, [Braunes Ahornblatt, Roter Punkt]. Aussicht auf Georgenborn. Nach etwa 20 Min. kommt ein Holzpavillon in Sicht mit einer Infotafel über Wildschweine. Am Wegekreuz weiter dem Rundwanderweg [Roter Hirschkopf] folgen, der jetzt entlang des Rhein-Höhenwegs Wiesbaden-Beuel [R] verläuft. Den steilen Pfad aufwärts steigen, vorbei an einem niedrigen, verwitterten Backsteingemäuer rechter Hand und kurz danach zum AP Rheingaublick mit Aussicht auf den Strom und die ihn umgebende Landschaft.

Rheingaublick - Hansenkopf - Schöne Aussicht - Schlangenbad - 1 ½ Stdn. - Der Rundweg mit zusätzlicher Markierung [Grüner Punkt] führt durch Fichtengehölz hindurch auf den 495 m hohen Hansenkopf und nach etwa ½ Std. zum AP Schöne Aussicht (weißer Holzpavillon mit steinernem Tisch). Von dort steilen Zickzackpfad abwärts laufen, der Weitblicke auf den Baldwald und wenig später auf Schlangenbad eröffnet. Der Rundwanderweg mit teilweise immer noch zusätzlicher Markierung [Grüner Punkt] mündet nach knapp ½ Std. in den breit angelegten, eben verlaufenden [Blauen Rheinsteig]. Von diesem Wegekreuz aus 15 Min. Weg [ohne Markierung] steil abwärts gehen, hinter rückwärtiger Gartenpforte Rheingaustr. 33 b links Treppe abwärts auf die Rheingaustraße laufen, wiederum links nach 100 m zu

Residenz & Hotel »Am Kurpark« - Ruhig gelegene Residenz mit 95 komfortablen 1- bis 4-Zimmer-Wohnungen, darunter 4 Pflege-Appartements, und 20 stilvoll eingerichteten Hotel-Appartements mit Küche. 4-Sterne-Service. Hauseigenes Restaurant/Café »Parkblick« und gepflegte Sommerterrasse mit Kuchentheke und kleinen Imbissen, untere bis mittlere Preisklasse. ÖZ: Mo.-Fr. 7.15-10, 12-14 und 14.30-19 Uhr. Sa./So. 8-10, 12-14 und 14.30-19 Uhr. Kein Ruhetag. Verschiedene Veranstaltungen, z. B. Vorträge, Gourmet-Abende auch für externe Besucher. Laufend Kunstausstellungen im großzügigen Foyer.

Schlangenbad - Steil abfallende Berge umgeben den »Ort mit Zeit« zwischen unterem Taunus und dem fruchtbaren Weinland des Rheingaus. Unweit der Metropolen Wiesbaden und Mainz gelegen, ist das Heil-

Musensitz im Schlangenbader Wald

bad eine Oase von Ruhe und Geborgenheit. Englische Landschaftsarchitektur verleiht dem großen Kurpark seinen Reiz. Boutiquen und kleine Antikläden warten auf flanierende Besucher. Die stilvollen Kurbauten und Kolonnaden zeugen vom Luxus des einstigen Fürstenbades, das 300 Jahre lang zu den bevorzugten Heilbädern europäischer Königshäuser zählte. Schon im 18. Jh. wurde das »Schönheitswasser« bis zu den Fürstenhöfen Nordeuropas verschickt. Die kieselsäurereichen Thermalquellen sorgen für zarten Teint und werden auch gerne als Basis für Hautcremes verwendet. Sie lindern rheumatische und degenerative Leiden und helfen bei Nerven- sowie Kreislaufbeschwerden. Die 31°C warme Aeskulap Therme (Hallenbad) mit Sauerstoff-Sole-Licht-Kabinen liegt mitten im Ort. Das Thermalfreibad mit anschließender Kelo-Saunalandschaft erstreckt sich oben am Waldrand. Sein Becken wird abends geleert und über Nacht mit frischem 27°C warmem Thermalwasser wieder gefüllt. Rund um den Kurort wachsen Wildkräuter und alte Kulturpflanzen. An zwei Tagen Mitte Juni finden alljährlich die »Schlangenbader Kräutertage« statt. Der Kurort verdankt seinen Namen und das Wappentier der in der Region vorkommenden ungiftigen Äskulapschlange, dem Symbol der Heilkunde.

➡Residenz und Hotel Am Kurpark - P Badweg Schlangenbad - ¼ Std. - Aus dem Haus kommend die Rheingaustraße rechts laufen, nach Bushaltestelle rechts Treppe hoch in den Wald steigen und Wegweiser [P Badweg] folgen. Der P ist nach ca. 15 Min. wieder erreicht.

➡Weitere Wandermöglichkeiten - Geführte Wanderungen samstags 13 Uhr, Treffpunkt Landgrafenplatz. Zusätzlich ausgeschilderte Wanderwege, z.B. nach Bärstadt, Rauenthal oder zum Kloster Tiefenthal.

Schlangenbad - eine Oase der Ruhe und Geborgenheit

TOUR
36

Eiserne Hand - Hohe Wurzel - Altenstein - Eiserne Hand

16½ km

4½ Stdn.

Charakteristik - Eine angenehme Wanderung über die Taunushöhen zur Hohen Wurzel (613 m ü. NN), überwiegend im schattigen Hochwald mit interessanten Fernblicken. Der Rundweg kann auf 10 km (Gehzeit 2¾ Stdn.) verkürzt werden. An Dampfbetriebstagen erlebt man das Spektakel der Historischen Eisenbahn. Normales Wanderschuhwerk ist ausreichend.

Anfahrt - Von Frankfurt und Mainz A 66, Ausfahrt Erbenheim Richtung Wiesbaden-Stadtmitte, Beschilderung B 54/Taunusstein. - Von Wiesbaden ab Hauptbahnhof 1. Ring (Kaiser-Friedrich-Ring, Bismarck-Ring) - Dürerplatz - B 54 Taunusstein. - Regionalbusse: 203, 240, 274 täglich ab Wiesbaden Hbf. Bussteig 3 und Stadtbus 50 während der Sommerzeit an Sonn- und Feiertagen. - Mit der Aartalbahn ab Bhf. Wiesbaden-Dotzheim bzw. Hohenstein/Bad Schwalbach bis Haltepunkt Eiserne Hand.

Parken - P Naturpark beim Café-Restaurant Waldgeist zur Eisernen Hand an der B 54.

Café-Restaurant Waldgeist zur Eisernen Hand - Das mitten im Wald gelegene, modernisierte große Restaurant ist im wieder aufgebauten Bahnhofsgebäude untergebracht. In fünf Räumen mit rustikaler, zünftiger Atmosphäre gibt es 192 Plätze. Großer Biergarten. Eine Besonderheit sind die XXXXX-Spezialitäten: Schnitzel bis 1000 g, Steaks bis 1200 g, Hamburger bis 30 cm Durchmesser. Es gibt aber auch »normale« Portionen, Kinder-, Salat- und Seniorenteller, sowie Kaffee und Kuchen. An Dampfbetriebstagen kann man den »Sperrsitz zur Lok« genießen. Untere bis mittlere Preislage. - ÖZ: 11-24 Uhr, Küche immer bis 22 Uhr, Mo. bis Do. ab 12 Uhr, Fr./Sa./So./Fei. ab 11.30 Uhr. Kein Ruhetag.

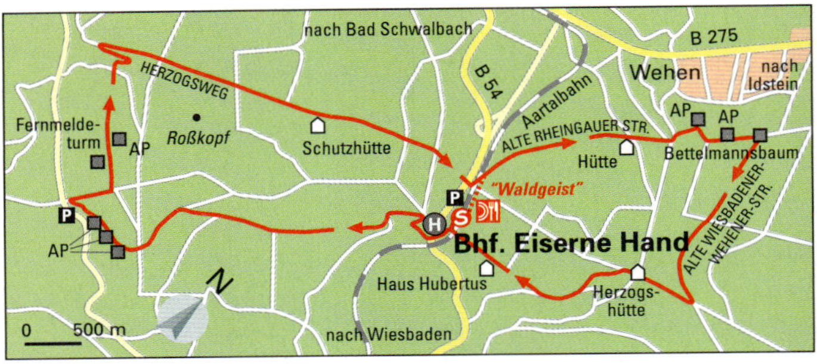

✪ NTB - Nassauische Touristikbahn e. V. - Das längste Denkmal Deutschlands, die über 50 km lange historische Bahnstrecke der Aartalbahn zwischen Wiesbaden und Diez, eröffnet am 15.11.1889, steilste Bahnstrecke im Deutschen Reich mit einer Steigung von 1:30 über die 421 m ü. NN liegende Eiserne Hand. Geniale Streckenführung ohne größere Kunstbauwerke wie Tunnel und Brücken. Seit 28.8.1987 steht die gesamte Anlage unter Denkmalschutz. Auf dem Abschnitt Wiesbaden-Dotzheim bis Hohenstein verkehren von Frühjahr bis Herbst am Wochenende und an Feiertagen die Dampfloks mit den historischen Waggons, den »Langenschwalbachern«, die wegen der engen Kurven speziell entwickelt wurden. Weitere Informationen, auch zu Fahrplänen und Sonderfahrten, sind erhältlich bei Nassauische Touristikbahn e. V., Moritz-Hilf-Platz 2, 65199 Wiesbaden, Telefon 0611/1843330, E-Mail: ntb@aartalbahn.de, www.aartalbahn.de.

➡ Der Rundweg - Vom P Eiserne Hand direkt parallel zu den Gleisen mit Markierung [Rheinhöhenweg R] am Restaurant/Bahnhofsgebäude vorbei, nach 300 m mit Markierung [Schwarzes T/Blaues X] vereint, weiter geradeaus auf Asphaltweg entlang der Gleise, durch die Unterführung aufwärts, dann links auf Asphalt 250 m weiter, dann rechts auf Kiesweg und an der nächsten Kreuzung scharf links mit Markierung [Schwarzes T/Blaues X], vereint mit Markierung [Roter Fuchs], auf dem breiten Elze-Weg immer leicht und lange aufwärts. An der Kreuzung mit der Markierung [Blauer Punkt] **(!)** biegt das [Schwarze T/Blaue X] nach rechts aufwärts ab. Hier mit Markierung [Roter Fuchs] weiter geradeaus abwärts (links weite Fernblicke ins Rheintal bis zum Odenwald und Donnersberg möglich) bis vor die L 3037 und P, rechts auf Asphalt aufwärts und scharf rechts mit Markierung [Roter Fuchs], vereint mit Markierung [Schwarzes T/Blaues X], weiter aufwärts, vorbei an Grillplatz mit Hütte. Am Wegweiser [Telekom] links **(!)**, mit Markierung [Blauer Punkt] weiter, vorbei am Fernmeldeturm Hohe Wurzel (der Turm ist weithin sichtbar und die Landmarke von Wiesbaden, leider der Öffentlichkeit nicht zugänglich), geradeaus weiter, jetzt auf weichem Waldweg abwärts (Fernblick ins Aartal). Später steil auf schmalem Pfad abwärts, Markierung [Blauer Punkt], bis Auftreffen auf breiten, geschotterten Herzogsweg. Scharf rechts mit Markierung [Rotes Dreieck] immer und lange geradeaus. Mit leichtem Auf und Ab vorbei an Schutzhütte (485 m ü. NN) bis Kreuzung **(!)** mit Markierung [Roter Punkt], hier [ohne Markierung] geradeaus

250 m weiter bis zur nächsten Kreuzung, halb rechts [ohne Markierung] 350 m weiter bis zur B 54. Vorsicht! B 54 überqueren (nur die Abkürzung führt rechts vor und parallel der Gleise nach ca. 400 m am P vorbei zum Café-Restaurant Waldgeist zur Eisernen Hand). Für weiteren Rundweg Gleise queren, dann links, breiter Kiesweg, Markierung [Schwarzer Eber], auf der Alten Rheingauer Straße bis zur Schutzhütte. Markierung [Schwarzer Eber] biegt rechts ab, hier [ohne Markierung] geradeaus, mit Wegweiser [Wehen] über die kleine Brücke, halb links (nicht dem roten Balken weiter folgen!). Rechts aufwärts bis zur Gabelung (AP), hier rechts aufwärts. An der nächsten Gabelung links auf Asphalt bis vor den Bettelmannsbaum/Friedhof Wehen, scharf rechts auf Kies auf der Alten Wiesbadener Straße aufwärts bis zur Kreuzung. Hier mit der Markierung [R] und [Schwarzes T/Blaues X] scharf rechts, dieser immer folgen, vorbei an der Herzogshütte geradeaus weiter. Dann erster Abzweig links, immer mit Markierung [Rote Flagge] bis zur großen Gabelung, hier rechts mit Wegweiser [Eiserne Hand] vorbei am Haus Hubertus (1939/40 von der Luftwaffe als ehemalige Richtfunkstelle ebaut, von der Bundespost bis 1982 als Sendeanlage genutzt, heute Forstbetrieb), jetzt auf Teer bis zu den Gleisen, diese queren, sofort rechts wenige Meter zum Café-Restaurant Waldgeist zur Eisernen Hand.

TOUR **37**

1½ Stdn.

Wiesbaden - Historischer Stadtrundgang

Anfahrt - A 66 von Frankfurt, Ausfahrt Erbenheim Richtung Stadtmitte. - A 3, Ausfahrt Wiesbaden-Niedernhausen. - Hbf. Wiesbaden.
Parken - P Markt (kostenpflichtig). - Mit Buslinien 1, 8 oder 16 vom Hauptbahnhof zur Haltestelle Friedrichstraße.

Wiesbaden - Die heißen Quellen waren schon bei den Römern beliebt. Im 19. Jh. erblühte Wiesbaden zu einem Kurort von Weltruf. Es entfaltete sich eine mondäne Eleganz, welche die Stadt des Historismus prägte und die noch heute zu spüren ist. Anfang Juni findet das Theatrium-Wilhelmstraßenfest statt. Mitte August kann man 10 Tage lang während der Rheingauer Weinwoche die längste Weintheke der Welt besuchen.

Aus der Geschichte - Besiedlung seit der jüngeren Steinzeit. - Auf einem römischen Meilenstein ist der Name Aquae Mattiacorum, »Quellen der Mattiaker«, überliefert. - 828/830 Erwähnung von Wisibada, »Bad in den Wiesen«. - Im 12./13. Jh. ist Wiesbaden Königshof und kaiserliche Stadt. - 1806 Residenz des Herzogs von Nassau. - 1866 preußischer Verwaltungssitz. - Seit dem 19. Jh. internationale Kurstadt mit unzähligen illustren Gästen, u. a. Goethe, Dostojewski, Wagner, Brahms, Jawlensky und Kaiser Wilhelm II. Seit 1945 Landeshauptstadt von Hessen.

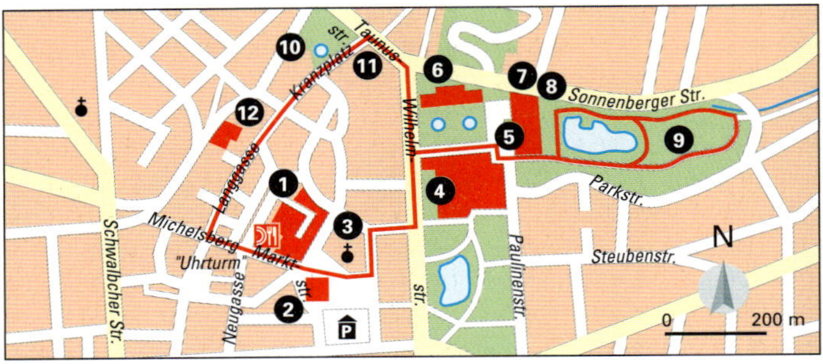

Der Rundgang - Der Schlossplatz ist der Mittelpunkt der Altstadt. 1) Stadtschloss. Um 1840 von G. Moller erbaut. Äußerlich schlichte, aber elegante Zweiflügelanlage. Ecke kunstfertig betont durch turmartigen Halbrundbau mit Säulenportikus. Ursprüngliche Ausgestaltung der Innenräume mit wertvollen Wand- und Deckenmalereien weitgehend erhalten. Seit 1946 Hessischer Landtag. - 2) Rathaus. 1884-1888 von G. v. Hauberrisser im Neurenaissancestil erbaut. Die ehemals repräsentative Anlage wurde nach Kriegszerstörungen in einfacher Ausführung wieder aufgebaut. Ursprünglich reich gegliederter, mit Giebeln und Türmen bekrönter Baukörper. - 3) Ev. Marktkirche. Um 1860 von K. Boos erbaute neugotische Backsteinkirche. Dreischiffige Emporenbasilika mit Chorflankentürmen und dreitürmigem Westbau. Inspiriert durch englische Kathedralen wie Norwich und Lincoln. Der 92 m hohe Westturm ist weithin sichtbar. - Hinter der Kirche durch Einkaufspassage Arcade. Wilhelmstraße links. - 4) Hessisches Staatstheater. 1894 von E. Fellner und H. Helmer in der Nachfolge von G. Semper errichtet. Baukörper mit Rokoko- und barocken Stilformen. Auf den Eckrisaliten Panthergespanne von G. Eberlein. - Das Theater ist angefügt an die ältere 5) Theaterkolonnade, 1840 von O. W. Faber. Diese umrahmt gemeinsam mit der gegenüber liegenden 6) Kurhaus Kolonnade (1825 von H. J. Zengerle) den Kurhausplatz. Mit 129 m die längsten Säulenhallen in Europa. Die auch Bowling Green genannte Anlage wird durch zwei dreischalige Kaskadenbrunnen (1856) und doppelreihige Platanen geprägt. - An der Kopfseite befindet sich das 7) Kurhaus. 1907 von F. Thiersch erbaut. Monumentalbau des klassizistischen Historismus mit Anklängen an den Jugendstil. Großer Säulenportikus und Kuppelhalle bilden das Entrée. Prachtvoll dekorierte Innenräume, meist von Münchner Künstlern gestaltet. Im ehemaligen Weinsaal des 1987 res-

Marktkirche Wiesbaden mit Schweiger-Denkmal

taurierten Gebäudes ist die 8) Spielbank beheimatet. - Hinter dem Kurhaus liegt der 1852 von C. F. Thelemann als Englischer Garten angelegte 9) Kurpark mit Biergarten, Bootsverleih, Konzertmuschel und den Denkmälern von Gustav Freytag und F. Dostojewski, dessen Roman »Der Spieler« überwiegend von Wiesbaden handelt. Danach zurück zur Wilhelmstraße rechts, Taunusstraße links. - Am Kranzplatz der 10) Kochbrunnen (siehe Bild). 1366 erstmals als »Brühborn« erwähnt. 66° C heiße Natrium-Chlorid-Therme. Liefert 346 Liter Heilwasser in der Minute. - Gegenüber an der Georg-August-Zinn-Straße (Hess. Ministerpräsident von 1950 bis 1969) im ehemaligen Grand Hotel Rose die nach Umbau im Jahre 2005 eröffnete 11) Staatskanzlei, Dienstsitz des hessischen Ministerpräsidenten. - Weiter durch die Einkaufsstraße Langgasse. - 12) Kaiser-Friedrich-Bad - Irisch-römisches Bad mit attraktivem Sauna-Angebot. Eingangshalle mit Jugendstil-Fresken. Römisch-irisches Dampfbad. Wasser aus der 64,4° C warmen Adlerquelle. - Langgasse geradeaus, Marktstraße links. - An den Uhrturm, der bis 1873 die Marktstraße als oberes Stadttor überspannte, erinnert das

Restaurant-Weinstube »Uhrturm« - In stilvoll-rustikalen Räumen und auf der Terrasse werden regionale Fleisch- und Fischspezialitäten sowie vegetarische Gerichte und Vesper serviert. Abwechslungsreiche Tageskarte. Bekannt für seinen »Apfeleierkuchen mit Eis und Sahne«. Untere bis mittlere Preise. - ÖZ: ab 11.30 Uhr durchgehend, sonn- und feiertags geschlossen.

Weitere Sehenswürdigkeiten - Neroberg mit historischer Nerobergbahn und Russischer Kirche mit Friedhof. Biebricher Schloss mit Schlosspark (internationales Reitturnier an Pfingsten), Jagdschloss Platte, Burg Sonnenberg, Schierstein mit Hafen, Römertor, Landesmuseum, Thermalbad Aukammtal u. v. m. - Auf bequeme Art kann man Wiesbaden mit der Touristikbahn »Thermine« entdecken, die hinter der Marktkirche abfährt. Eine Rundfahrt, u. a. auch zur Talstation der Nerobergbahn, dauert ca. 60 Min. Fahrpläne und weitere Informationen unter www.thermine.de.

TOUR
38

Adamstal - Rabengrund - Leichtweißhöhle - Adamstal

6 km

1½ Stdn.

Charakteristik - Ein leichter Weg nördlich von Wiesbaden ohne steile Anstiege, durch viel Wald in das NSG Rabengrund und zur Leichtweißhöhle. Interessante Ausblicke. Normales Schuhwerk genügt. Der Weg lässt sich auf 8 km (Gehzeit 2 Stdn.) erweitern, siehe Alternative.
Anfahrt - Von Frankfurt A 66 Richtung Wiesbaden, Ausfahrt Erbenheim, Wegweiser [Stadtmitte]. Auf dem 4-spurigen Autobahnzubringer Berliner Straße Richtung Stadtmitte, 1. Ring, B 417 Richtung Limburg, vorbei am Nordfriedhof und links zum P Naturpark. - Regionalbus: ab Wiesbaden Hbf., Bussteig 3, Linien 203, 240, 274, Haltestelle Adamstal, auf Asphalt 10 Min. bis zur Villa Adamstal. Wanderer, die mit dem Linienbus anfahren, beginnen hier mit der Tour.
Parken - P Naturpark. Alternative: Großer P an der Villa Adamstal.

NSG Rabengrund - Der Rabengrund ist eines der ältesten und bedeutendsten Naturschutzgebiete Wiesbadens und liegt mit seinen großen Wiesenflächen inmitten des Stadtwaldes. Viele Quellen und Brunnen dienen der Trinkwassergewinnung und seltene Pflanzen sind hier beheimatet. Den Besuchern stehen Informationstafeln, Ruhebänke und Schutzhütten zur Verfügung.
Die Leichtweißhöhle - Der Wilderer Heinrich Anton Leichtweiß versteckte sich in den Jahren 1778 bis 1791 in dieser Höhle, bis er von Waldarbeitern entdeckt wurde. Die Höhle ist ca. 30 m lang, hat zwei Eingänge und eine Öffnung in der Decke, die als Rauchabzug diente. Leichtweiß starb am 12.3.1793 im Zuchthaus im alten Uhrturm in Wiesbaden. Der Eingang der Höhle ist heute verschlossen, eine Besichtigung ist jedoch möglich. - ÖZ: 15.4.-31.10. Mi. 10-14 Uhr, Fr. 14-18 Uhr, So. 13-18 Uhr. Eintritt frei.
Die Villa Adamstal - Die Geschichte des Anwesens im Adamstal reicht bis ins Jahr 1884 zurück, als Ulrich Graf von Baudissin (1816-1893) die Wiesen erwarb und darauf ein kleines Gartenhäuschen errichtete. Aus dieser Dichterklause entstand 1894 durch den neuen Eigentümer Johann Philipp Karl Müller durch An- und Umbau die in ihrer heutigen Form bekannte Fachwerk-Villa. Das repräsentative Äußere zog viele Gäste aus der nahen Stadt an, so auch Kaiser Wilhelm II. mit Kaiserin Auguste Viktoria. Nach langer Zeit eines Dornröschenschlafes steht es heute prächtiger denn je als stilvoller Veranstaltungsort für Feiern und Tagungen zur Verfügung.
Der Rundweg - Vom P Naturpark Straße kreuzen, auf Kastanienallee weiter aufwärts bis zur ehemaligen Karlshütte (nur noch Funda-

mente). Hier [Roten Balken] verlassen **(!)** und rechts aufwärts [ohne Markierung]. An Gabelung rechts aufwärts bis zur B 417. Diese vorsichtig überqueren **(!)**, zum P und halb links in den Wald, zunächst auf Teer, später Schotter bis zur Kreuzung, geradeaus auf Wiesenweg, naturbelassen 250 m bis Platter Pfad-Hütte. Hier rechts abwärts auf Kastanienallee mit Markierung [Gelber Balken]. Am nächsten P links, auf Asphalt immer geradeaus (nach 250 m biegt der [Gelbe Balken] rechts ab), dann [ohne Markierung] noch 150 m geradeaus bis Schutzhütte (hier biegt die Alternative links ab, s. u.). Blick in den Rabengrund. Vor der Schutzhütte scharf rechts mit Wegweiser [Leichtweißhöhle 800 m], [ohne Markierung] immer abwärts auf breitem Schotterweg (kurzzeitig kommt der [Gelbe Balken] hinzu). Linker Hand liegen die Wiesen des NSG Rabengrund. Vorbei an der Schutzhütte (nur [Gelber Balken] biegt rechts ab), [ohne Markierung] weiter geradeaus mit Wegweiser [Nerotal] abwärts, halb rechts steiler abwärts bis ins Tal zum Asphaltweg, links 80 m bis zur Leichtweißhöhle. - Hier trifft der Rundweg wieder auf die Alternative. - Mit dem Rücken zum Höhleneingang stehend, rechts auf Asphalt (zurück) weiter, an der ersten Kreuzung geradeaus, jetzt auf breitem Schotterweg, vorbei an der Wilhelm-von-Opel-Hütte ([Gelber Balken] kreuzt), weiter aufwärts, vorbei am Himmelsborn bis zur B 417. Diese vorsichtig kreuzen und mit Wegweiser [Waldhaus] auf der Straße abwärts und rechts an der Carl-von-Ibell-Quelle (Oberbürgermeister Wiesbadens von 1883 bis 1913) zur Villa Adamstal. - Wanderer, die mit dem Linienbus anfahren, beginnen hier mit der Wanderung. - Von der Villa links auf Asphalt, Markierung [Roter und gelber Balken], bis Wendehammer, dann rechts leicht aufwärts. Bald biegt der [Gelbe Balken] nach links ab. Mit der Markierung [Roter Balken] auf Schotterweg immer weiter aufwärts zum P Naturpark.

Alternative - zusätzlich ½ Std. - Vor der Schutzhütte links Teerweg folgen, immer entlang der Kastanien (rechts die Wiesen des NSG Rabengrund), vorbei an Rettert-Brunnen (frisches Quellwasser), Weygandt-Hütte und Info-Tafeln bis zur Gabelung (von links kommt der [Rote Punkt] hinzu), halb rechts jetzt mit Markierung [Roter Punkt] weiter abwärts bis Gabelung (nur [Roter Punkt] biegt links ab), weiter halb rechts abwärts [ohne Markierung], entlang der Kastanien, vorbei am Fischteich bis zur Leichtweißhöhle. Hier wieder Zusammentreffen mit dem oben beschriebenen Hauptweg.

TOUR
39

Goldsteintal/Wiesbaden - Kellerskopf - Goldsteintal

14 km

4 Stdn.

Charakteristik - Ein Weg am Rande der Großstadt und dennoch mitten in der Natur, mit einem steilen An- und Abstieg, teils am Talrand, teils über Höhenwege. Herrliche Rund- und Ausblicke. Eine kürzere Alternative (5,8 km, 1½ Stdn.) führt ohne nennenswerte Steigungen durch Buchenwälder am Rande des Goldstein-/Sichtertales entlang.
Anfahrt - Von Frankfurt A 66 Richtung Wiesbaden, Ausfahrt Erbenheim, Wegweiser [Stadtmitte]. - Auf dem 4-spurigen Autobahnzubringer Berliner Straße Richtung Stadtmitte, im Tunnel geradeaus, Wegweiser [Kurhaus/Casino], rechts weiter auf der Wilhelmstraße aufwärts bis zum R+V-Hochhaus, dann rechts mit Wegweiser [Sonnenberg/Rambach], nach der engen Ortsdurchfahrt in Sonnenberg (Burg) links dem Wegweiser [Goldsteintal/Hubertushütte] folgen. - Ab Wiesbaden Hbf., Bussteig B, Linie 1 (Nerotal) oder 8 (Eigenheim) bis Haltestelle Wilhelmstraße, dann Linie 16 Richtung Rambach, Haltestelle Goldsteintal. Straße kreuzen und mit Wegweiser [Goldsteintal] in diese Straße einbiegen und Wegweiser [Hubertushütte] folgen.
Parken - Großer P an der Hubertushütte.

Goldsteintal - Das gesetzlich geschützte Flora-Fauna-Habitat-Gebiet liegt in einem Seitental des Rambachs, nördlich des Wiesbadener Vorortes Sonnenberg und ist eines der wichtigsten Waldwiesentäler im Taunus. Das beliebte Naherholungsgebiet - mit seinen Ausflugslokalen auch ein attraktives Ziel für Wanderungen aus der Innenstadt - wird geprägt durch Feuchtwiesen, Fischteiche, Gehölze und Auenwald. Quellen und Brünnchen dienen der Trinkwassergewinnung. Ein altes, bruchsteingemauertes Eishaus ist hier ebenfalls zu sehen. Info-Tafeln erläutern die wertvolle, seltene Tier- und Pflanzenwelt. Während der Krötenwanderung im Frühjahr kann die Zufahrtsstraße kurzzeitig gesperrt sein.
Die Hubertushütte - Aus einer ehemaligen Schutzhütte für Jäger am Ende des Goldsteintals hervorgegangen, empfängt die am Wald gelegene Idylle seit über 100 Jahren Ausflugsgäste. Von der blumengeschmückten Terrasse genießt man den Blick auf die Wiesen. Im Landhausstil eingerichtete Gasträume, gemütliche Vinothek. Umfangreiche Speisen- und Wein-/Getränkekarte. Saisonale, regionale und internationale Küche, Kreationen mit Wild aus heimischen Wäldern, Kindergerichte und Spielplatz. Ruhige, gemütliche, ungezwungene, familiäre Atmosphäre, bis 120 Personen. Mittlere Preislage. - ÖZ: 1.5 bis 30.9. täglich ab 12 Uhr, kein Ruhetag. 1.10. bis 30.4. Mi. bis Fr. ab 17 Uhr, Sa., So. und Fei. ab 12 Uhr, Ruhetage = Mo. und Di.

Haben heute mit Fischis bei strahlendem Holzwetter die "abgespeckte" Tour gemacht. 2.5.11? Leider konnten wir

Der Rundweg - Von der Hubertushütte links [ohne Markierung] aufwärts, über den P Naturpark und vorbei am grauem Betriebsgebäude der Hessen Wasser, jetzt auf Schotterweg weiter geradeaus aufwärts. Im Tal rechter Hand erstrecken sich immer wieder Wiesenflächen. Nach 20 Min. an der großen Gabelung links aufwärts, nach 100 m an der nächsten (zweiten) Gabelung links **(!)**, nur die Alternative biegt hier rechts ab, s. u. Auf breitem Schotterweg weiter bis zur Kreuzung an der Idsteiner Eiche mit Ruhebank. Markierung [Schwarzer Punkt] kreuzen, geradeaus weiter 100 m bis zur nächsten Kreuzung, hier rechts leicht aufwärts auf dem breiten, geteerten Graf-von-Hülsen-Weg, benannt nach dem Intendant des Königlich Preußischen Hoftheaters ab 1893 und Initiator der Wiesbadener Maifestspiele seit 1896. Nach 30 Min. in scharfer Linkskurve Teerweg verlassen **(!)** und mit Markierung [Schwarzer Punkt] geradeaus auf breitem Waldweg weiter aufwärts bis zur großen Kreuzung mit dem Radweg [R 6], hier halb rechts auf dem Kohlenmeilerweg, Markierung [Schwarzes T/Blaues X] aufwärts bis zum Achteck mit Schutzhütte. Weiter rechts auf dem alten Kellerskopfweg (später Herzogsweg) immer geradeaus (schöner Fernblick durch die Schneise der Ferngasleitung) bis Kellershohl. Hier rechts mit Markierung [RTX] und nach weiteren 500 m nochmals rechts **(!)** mit zusätzlicher Markierung [Roter Rehbock/Gelber Balken] steil aufwärts zum Kellerskopf (474 m) mit herrlichem Weitblick von der oberen Liegewiese unterhalb der Turmterrasse. Der Turm ist leider geschlossen. Unterhalb des Gipfels lassen Reste von Ringwällen auf keltische Besiedlung schließen. Mit Markierung [Roter

in der Hubertushütte nicht mittags essen um 16⁰⁰ Uhr und weitergefahren zum Kellerskopf gefahren um dort unser verdientes Mittagessen + Kirschen zu nehmen. 3 Std. gelaufen durch Wald mit Steigung

Rehbock/Gelber Balken] steil abwärts, geteerten Fahrweg kreuzen, immer weiter abwärts, Weg etwas naturbelassen, vorbei an Schutzhütte bis Kreuzung mit Markierung [Schwarzes Hirschgeweih]. Hier rechts abwärts zum Kellerskopfstollen. Ausführliche Info-Tafeln erklären die Geschichte der Wiesbadener Taunusstollen sowie Bau und Betrieb der bedeutenden Trinkwassergewinnungsanlagen. Der Stollen ist der Öffentlichkeit nur an Tagen der offenen Tür zugänglich. Mit Markierung [Roter Rehbock] vorbei an Grillhütte, über den P, rechts **(!)** abwärts über den Rambach und Wiesen, bis zum Asphalt, aufwärts bis Gabelung. Hier Markierung [Gelber Balken] verlassen **(!)** und rechts der Markierung [Braunes Blatt] immer folgen (von rechts kommt die Alternative hinzu, siehe unten). Weiter auf Waldweg, vorbei an der Rambacher Hütte (1973 von Idealisten errichtete Schutzhütte), und geradeaus weiter. Mit der Markierung [Braunes Blatt] am Sichtertal abwärts durch die Wiesen, über den Goldsteinbach bis zur Hubertushütte, wo der Wanderer mit Speis und Trank bestens versorgt wird.

Alternative - Von der Hubertushütte beginnen wie Hauptweg. An der dann erwähnten zweiten Gabelung rechts **(!)**. Auf breitem Teer-/Schotterweg [ohne Markierung] mit Wegweiser [Brücherweg] immer geradeaus leicht aufwärts (Wasserschutzgebiet), vorbei an Waldwiese, und an Gabelung rechts leicht abwärts immer auf dem Brücherweg geradeaus weiter bis zur großen Buche und Zusammentreffen mit der Markierung [Braunes Blatt]. Hier rechts **(!)** bis zur Rambacher Hütte und weiter wie oben beschrieben.

Weinberg am Neroberg

am Vatertag 2011 mit Fischis + Angelika gelaufen – aber Abkürzung!!!

TOUR **40**

Hockenberger Mühle - Heßloch - Kloppenheim - Hockenberger Mühle

13½km

3¾Stdn.

Charakteristik - Schöne, leichte Wanderung durch das Blaue Ländchen, ein seit altersher durch seine fruchtbaren Lössböden bekannter Landstrich mit vielen Obstbauflächen, der vom Main zu den Taunushängen östlich von Wiesbaden reicht, mit verschiedenen Aussichtspunkten zum Feldberg/Ts. (881 m mit Fernmeldeturm und Antennen) und über die Rhein-Main-Ebene nach Wiesbaden und Mainz bis zu den Bergen des Odenwaldes. Diese Wanderung ist gut in das ÖPNV-Netz eingebunden und kann auf 8½km (Gehzeit 2½Stdn.) verkürzt werden. Normales Wanderschuhwerk ist ausreichend.
Anfahrt - Von Frankfurt A 66 bis Ausfahrt Erbenheim, Wegweiser [Stadtmitte], rechts Richtung Bierstadt, rechts Wegweiser [Kloppenheim] folgen, weiter mit Wegweiser [Auringen], rechts an der K 659 gelegen. - Stadtbusse von Wiesbaden Hbf. und Innenstadt, Anbindung an verschiedenen Haltestellen möglich (Details siehe Wegbeschreibung). - Ländchesbahn Linie 21 VECTUS Wiesbaden Hbf. - Niedernhausen Bhf./Limburg Bhf. bis Haltepunkt Auringen-Medenbach.
Parken - Großer Gäste-P beim Landgasthaus Hockenberger Mühle an der K 659.

➡Hockenberger Mühle - Erbsenacker - Heßloch - 1¾Stdn. - Vom P Hockenberger Mühle an der Gaststube vorbei die Stufen abwärts am Abenteuerspielplatz vorbei, über den Wickerbach links aufwärts [ohne Markierung], auf Waldweg am Waldrand entlang, vorbei an der Reitzenmühle bis zur Kläranlage Auringen. (Von rechts kommt ein mit [Schwarzem T/Blauem X] markierter Weg vom nur 350 m entfernten Haltepunkt Auringen-Medenbach, für Bahnreisende hier Zugang möglich!). Geradeaus mit Wegweiser [Auringen] bis Auringer Mühle, links über den Wickerbach bis zur K 659. Rechts auf Asphalt, Wegweiser [Auringen] 350 m aufwärts, scharf links, Wegweiser [Naurod], auf Betonweg, später Teer aufwärts, vorbei an Bänken bis zur Sitzgruppe. Dann links und wieder rechts, weiter aufwärts, vorbei an Info-Tafeln. An Gabelung links aufwärts und rechts bis zur nächsten Gabelung. Links jetzt auf Schotter weiter, an Wochenendgrundstücken vorbei bis Linkskurve, am Zaun hier Doppelbank (AP auf Naurod mit Feldbergblick), weiter bis zur Siedlung Erbsenacker (für Busreisende: Von Wiesbaden Linien 20, 21, 22, über Straße Feldbergblick 250 m bis Haltestelle Erbsenacker (Naurod) an der B 455, hier Zugang möglich auf den Weg R 6!). Vor dem ersten Haus links in den Wald, Wegweiser [Heßloch], [R 6], weiter geradeaus, Wegweiser [Heßlocher Weg], vorbei am alten Basaltsteinbruch Schwarze Steinkaut (ND). Das Vorkommen entstand durch einen Vul-

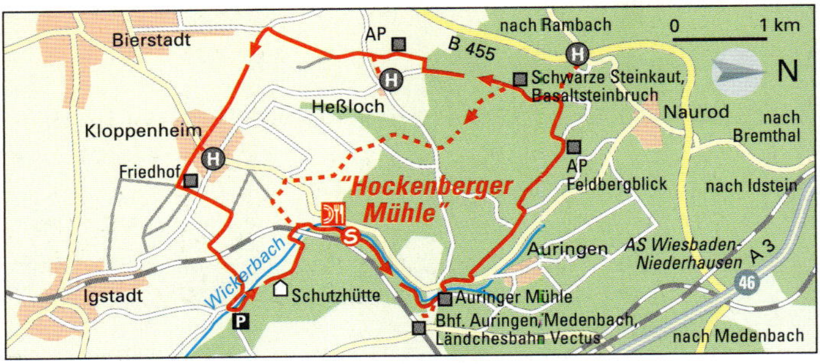

kan, der vor 57 Mio. Jahren aktiv war. Bis Mitte des 19. Jh. wurden hier Pflastersteine abgebaut. Der Steinbruch ist zugänglich, links des Weges liegt die Abraumhalde. Weiter zur Kreuzung (ab hier Abkürzung möglich, siehe nächste Seite). Weiter geradeaus abwärts, Wegweiser [Heßloch], auf Asphalt bis Waldrand, rechts in die Steinkopfstraße, dann links abwärts bis Doppelbank (AP) und weiter bis Bebauungsgrenze Heßloch (für Busreisende: Linie 24 ab Endhaltestelle Heßloch über Hischgartenstraße 250 m, hier Zugang möglich, am letzten Haus links und Beschreibung weiter folgen).

➡ Heßloch - Hockenberger Mühle - 2 Stdn. - Am Ortsrand von Heßloch weiter geradeaus bis Vogelsangstraße, diese queren (von links kommt [Roter Balken] hinzu), Wegweiser [Kloppenheim]. Diesem abwärts folgen zum Lindenbach, queren, an Gabelung links [ohne Markierung], Wegweiser [Kloppenheim], abwärts nach Kloppenheim und über Bierhausweg bis Vorderstraße, diese queren (für Busreisende: Linie 24 ab Haltestelle Stiegelstraße über Vorderstraße 150 m abwärts, hier Zugang möglich). Weiter auf Bangertstraße, Wegweiser [Friedhof], auf Kopfsteinpflaster an diesem entlang, links abwärts, über Wäschbach und Stiegelstraße am letzten Haus vorbei steil aufwärts, Wegweiser [Idstein R 6]. Auf dem Landrücken an der ersten Kreuzung rechts [ohne Markierung], auf Asphaltweg geradeaus bis zum Asphaltende und links auf Beton weiter, über Gleise bis zum Wickerbach, rechts bis zur K 657, links über den Bach und wieder links über P am Bach entlang, Wegweiser [Hockenberger Mühle 30 Min.]. Vorbei an Schutzhütte, links über den

Wickerbach aufwärts, Wegweiser [Hockenberger Mühle], durch Viadukt immer geradeaus zum Landgasthaus Hockenberger Mühle.

Abkürzung (ab hier 1 Std.) - Ab der o. a. Kreuzung links über den Radweg [R 6] auf Splitt-/Schotterweg (Weinhohl), vorbei an Forsthüttchen mit Bank bis zur K 661, kreuzen, aufwärts, Wegweiser [Hockenberger Mühle], bis zum Waldrand, dann halb rechts mit Markierung [R 6] auf Asphalt abwärts, vorbei an Obstplantagen und Streuobstwiesen (AP) bis zur K 659. Rechts und sofort links, vorbei an Obstplantage, an Kreuzung links, Wegweiser [Hockenberger Mühle 10 Min.], weiter auf Asphalt abwärts ins Tal und zum

Landgasthaus Hockenberger Mühle - Das am Waldrand gelegene, beliebte Ausflugslokal mit großer Terrasse wurde als Getreidemühle 1670 von Dr. J. J.Comentz erbaut und 1907 zur Gaststätte umgewandelt. Die gemütlichen Gasträume sind auch für Familienfeiern und Seminare geeignet. Die gutbürgerliche Küche serviert regionale und saisonale Spezialitäten (auch Aktionswochen je nach Jahreszeit). Dazu genießt man selbst gekelterten Apfelwein. Für Kinder gibt es einen Abenteuerspielplatz mit großer Wiese. Großer P beim Haus an der K 659. Mittlere Preislage. - ÖZ: 1.5.-30.9. Mo. 17-23.30 Uhr, Di.-Sa. 12-23.30 Uhr, So. und Fei. 11-23 Uhr. - 15.10.-30.4. Di.-Fr. 12-23.30 Uhr, Sa., So. und Fei. 11-23 Uhr. Ruhetag = Mo. (außer an Feiertagen). Weitere Informationen, auch zu Veranstaltungen, unter www.hockenberger-muehle.de.

TOUR **41**

Schierstein/Wiesbaden - Frauenstein - Märchenland - Schierstein

12 km

3¾ Stdn.

Charakteristik - Sehr abwechslungsreiche Wanderung durch Weinfelder und Wald mit prächtigen Ausblicken. Festes Schuhwerk erforderlich.

Anfahrt - Von Wiesbaden A 66, Ausfahrt Wiesbaden/Frauenstein Richtung Walluf/Niederwalluf, weiter auf K 648, links abbiegen auf Söhnleinstraße, rechts einschwenken auf Kleinaustraße.

Parken - Großer P in der Kleinaustraße am Schiersteiner Hafen.

Schierstein - Die »Pforte zum Rheingau« wurde um 860 erstmals urkundlich erwähnt. In der reizvollen Altstadt mit ihren engen Gassen befindet sich mit der Christophoruskirche eine der schönsten Rokokokirchen am Rhein. Urlaubsflair erlebt man am Yachthafen.

Schierstein - Frauenstein - 1½ Stdn. - Vom P aus dem [Blauen Rheinsteig] auf Kiesweg neben Kleinaustraße aufwärts folgen, Söhnleinstraße passieren. Wenige Meter danach **(!)** rechts durch Wohnanlage

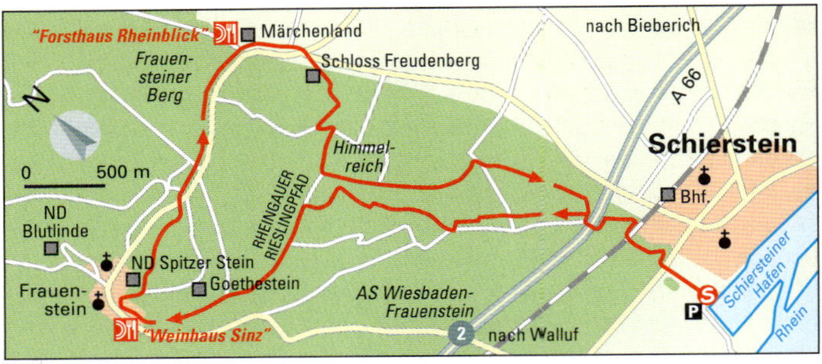

und entlang des Baches. Unter Eisenbahn- und Autobahntunnel hindurch der verwinkelten Wegführung [Blauer Rheinsteig] folgen, die teilweise auch auf regionalen Pfaden [Schwarzer Punkt, Rotes Dreieck] verläuft. An Schrebergärten vorbei bis zu den ersten Weinfeldern. Markierten Weg [Blauer Rheinsteig] mit wunderbarer Aussicht auf das Rheintal bis hinüber nach Mainz solange beibehalten, bis der Rheingauer Riesling-Pfad [Gelber Weinkelch] links abzweigt. Geradeaus laufen, reizvoller Ausblick auf Frauenstein und oben rechts das Denkmal Goethestein, welches an den Besuch des Dichterfürsten 1815 erinnert. Am Ortsrand führt der Rheingauer Riesling-Pfad direkt zum Weinhaus Sinz (Haupteingang um die Kurve in der Herrnbergstraße).

Hotel-Weinhaus Sinz - Traditionsreiches, familiär geführtes Haus in zentraler Lage. Liebevoll eingerichtete Komfortzimmer und Gasträume. In gepflegter Atmosphäre werden Rheingauer Spezialitäten serviert, meisterlich komponiert aus frischen Zutaten der Saison. Vielseitiges Angebot von der Bauernsülze mit Bratkartoffeln bis zum Feinschmecker-Menü. Fisch aus heimischen Gewässern, Wildspezialitäten. Erlesene Rheingau-Weine. Leicht gehobene Preise. - ÖZ: Di.-Sa. 11-24 Uhr, So. 11-15 Uhr. Ruhetag = Mo.

Frauenstein - Ehemals selbstständiger Stadtteil von Wiesbaden. Sehenswert sind die Burg aus dem 12. Jh. sowie historische Fachwerkbauten, darunter der Falkersche Hof an der Georgstraße und der Schönborn-sche Hof in der Kirschblütenstraße. Der Europa-Weinberg zeigt die Verbundenheit mit den anderen europäischen Weinbaustaaten.

Frauenstein - Märchenland - ¾ Std. - [Ohne Markierung] von der Herrnbergstraße geradeaus in die Untergasse und rechts in die Kirschblütenstraße. Links befindet sich die alte Kirche St. Georg, davor steht das 1000-jährige ND Blutlinde. Weiter der Kirschblütenstraße folgen, nach der Kurve mit der Markierung [Gelber Rheinburgenweg] rechts aufwärts zur Burg und die Treppe mit Zeichen [Blauer Rheinsteig] ersteigen. Den steilen Waldweg weiter bis Gabelung am ND Spitzer Stein. Dort den unmittelbar links neben dem [Blauen Rheinsteig] gelegenen Weg nehmen, zunächst [ohne Markierung] an eingezäuntem Grundstück entlang. Die unbefestigte Route öffnet sich auf Streuobstwiesen mit Ausblicken auf Wälder, jetzt auch Markierung [Schwarzer Punkt]. Bei Wohnhäusern am Ende des Weges links abbiegen auf Straße, die auf Höhe der Bushaltestelle Goethestein wieder auf die Kirschblütenstraße trifft. Rechts einbiegen und weiter auf Fußweg entlang der Straße und teilweise durch Wald zum Gebiet Märchenland und zum

Forsthaus Rheinblick - Ausflugsziel am westlichen Stadtrand Wiesbadens, unmittelbar am Waldrand. In der gemütlichen Stube und dem stilvollen Kaminzimmer werden regionale und saisonale Köstlichkeiten serviert. Dazu gibt es frisch gezapftes Bier sowie eine große Auswahl an Rheingauer Weinen. Mittlere bis gehobene Preise. Auf der lichten, preisgekrönten Terrasse finden unter anderem themenbezogene Buffetabende statt. Regelmäßig Live-Musik. Zweimal monatlich sonntags Brunch, Mittwoch ist Schnitzelabend. Großer P. - ÖZ: 11.30-22 Uhr, warme Küche bis 21.30 Uhr, kein Ruhetag.

Märchenland - Schierstein - 1 ½ Stdn. - Auf Radweg entlang der Freudenbergstraße abwärts laufen, bis nach etwa 10 Min. rechts das 100 Jahre alte Schloss Freudenberg (heute im Besitz Gesellschaft für Natur und Kunst) im Wald auftaucht. Die Straße überqueren, am Portal mit Markierung [Gelber Rheinburgenweg] direkt durch das Gelände hindurch spazieren. Den [Gelben Rheinburgenweg] weiter abwärts gehen, nach Verlassen des Waldes wunderbarer Weitblick auf Eltville und Walluf. Etwa auf Höhe Hof Himmelreich links abbiegen auf den Rheingauer Rieslingpfad [Gelber Weinkelch]. Der festgetretene Pfad mündet kurz vor Schierstein auf den [Blauen Rheinsteig] und führt zurück zum P Kleinaustraße am Hafen.

TOUR
42

1 Std.

Eltville - Historischer Stadtrundgang

Anfahrt - A 66 Wiesbaden - Rüdesheim, B 42. - Bahn- und Busverbindungen von den Bahnhöfen Wiesbaden, Mainz und Frankfurt am Main (ICE).
Parken - Großer P bei der Weinstube »Gelbes Haus« oder P Rheingauhalle.

Eltville - Die älteste Stadt im Rheingau besitzt bedeutende Weingüter. Die herrliche zwischen Rheinufer und Weinbergen gelegene Altstadt ist geprägt durch zahlreiche Adelshöfe und Fachwerkhäuser. In der »Wein-, Sekt- und Rosenstadt« weiß man auch zu feiern, u. a. bei den Rosentagen (Anfang Juni), beim Sekt- und Biedermeierfest (Anfang Juli) und bei der Kappeskerb (Anfang November).
Aus der Geschichte - Der Name »Eltville« stammt vom lat. »alta villa«, hoch gelegene Siedlung. Durch die »Veroneser Schenkung« befand sich der Ort seit 973 im Besitz der Erzbischöfe von Mainz. 1332 verlieh Kaiser Ludwig der Bayer die Stadtrechte, damit begann der Bau der Stadtbefestigung. Die Burg war im 14. und 15. Jh. beliebte Residenz der Mainzer Erzbischöfe und Kurfürsten. 1456 erfolgte die Ernennung Johannes Gutenbergs zum Hofedelmann des Mainzer Bischofs Adolf von Nassau. Die Burg ist seit 1936 im Besitz der Stadt und Schauplatz von Festspielen und vielen Veranstaltungen. Nach der Auflösung des Kurstaates Mainz kamen Eltville und der Rheingau an das Fürstentum und spätere Herzogtum Nassau, das 1866 dem preußischen Staat einverleibt wurde. Im 19. Jh. erlebte Eltville einen wirtschaftlichen Aufschwung, verlor jedoch seinen Status als Hauptstadt des Rheingaus an Rüdesheim. Heute hat Eltville mit seinen Stadtteilen Erbach, Hattenheim, Martinsthal und Rauenthal fast 18000 Einwohner.
Der Rundgang - Vom »Rheingauer Hof« wendet man sich nach rechts zum 1) Langwerther Hof. Charakteristisch für Eltville und seine historische Bedeutung als Hauptort des Rheingaus sind seine Adelshöfe. Der 1711 und 1753 erworbene Besitz des Freiherrn Langwerth von Simmern setzt sich aus mehreren malerischen Einzelhöfen zusammen. Das älteste Gebäude ist der ehemalige Stockheimer Hof (um 1550), ein Steinbau mit steilem Giebeldach, sechseckigem Treppenturm und Fachwerkerker und Geburtshaus der Mutter des Freiherrn vom Stein. Der Lichtensternsche Hof (um 1669) weist ältere fein gearbeitete Renaissancefenster (um 1600) auf. - Durch die Burgstraße gelangt man zur 2) Kurfürstlichen Burg, die um 1330 vom streitbaren Erzbischof Balduin von Trier und Luxemburg an der Stelle einer älteren Wasserburg errichtet wurde und bis gegen 1480 als Hauptresidenz der Mainzer Erzbischöfe diente. Über den Burggraben führt eine zweibogige Steinbrücke. An der Südseite steht die Ruine des Palas. Gut erhalten ist der mächtige bewohnbare Bergfried mit dreiseitigen Eckerkern am oberen Wehr-

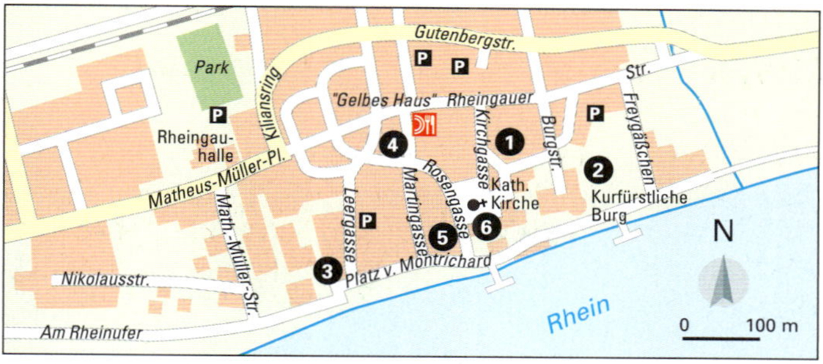

geschoss und achtseitigem Treppenturm. Gutenberg-Gedenkstätte. Weiter abwärts durch den Burggraben erreicht man die schöne Rheinpromenade. Dort spaziert man unter Platanen oder am Platz von Monrichard (französische Partnerstadt) entlang zum 3) Sebastiansturm. Der starke runde Turm bildete die südwestliche Ecke der Stadtbefestigung des 14. Jh. - Durch die Leergasse geht man nach rechts. - Vor dem 4) Ältesten Rathaus der Stadt von 1513-1827 biegt man rechts in die Grabengasse ein. - Man überquert den Marktplatz und geht geradeaus in Rosengasse. - Zwischen der Rosen- und der Martinsgasse befindet sich der aus verschiedenen Einzelhöfen bestehende 5) Eltzer Hof. Ältester Teil ist der vor 1577 entstandene Westflügel. Seit 1629 befand sich die Anlage im Besitz der Grafen von Eltz. Das Kavaliershaus an der Rheinseite wurde um 1600 errichtet und im Jahre 1738 umgestaltet. Nördlich davon befinden sich die ehemaligen Häuser des Mainzer Viktor- (1718) und Petersstiftes (um 1800). - Die 6) Katholische Pfarrkirche St. Peter und Paul wurde in der Spätgotik zwischen 1350 und 1440 errichtet. Die zweischiffige Hallenkirche besitzt eine reiche Innenausstattung. In der Turmhalle strahlt eine lebendige Darstellung des Jüngsten Gerichts (um

Blick auf den alten Stadtturm, das heutige Archiv

Blick auf das Eltviller Rheinufer

1400) in gut erhaltenen leuchtenden Farben. An der Nordseite ist ein dramatischer Ölberg (1520) der Backoffen-Werkstatt zu sehen. Der Aufbau des Turmes zeigt den Einfluss von Meister Madern Gerthener, dem Baumeister des Frankfurter Domturms. - Von hier geht man durch die Kirchstraße links/rechts/links in die Burghofstraße, vorbei an den Gensfleischhäusern, wo Johannes Gutenberg, der Erfinder der Buchdruckerkunst mit beweglichen Lettern, seine Geschichte schrieb, geradeaus zur **Weinstube »Gelbes Haus«** - Traditionsreiches historisches Fachwerkgebäude aus dem 11. Jh. an der Burg. Neu gestaltete Gasträume, herrliche, große Gartenterrasse mit Blick auf Weinberge und Rhein. Frische-Küche mit regionalen und saisonalen Köstlichkeiten. Reichhaltige Karte mit warmen Gerichten, Vesper sowie Kaffee und Kuchen. Durchgehend warme Küche. Zur Federweißen-Zeit ofenfrischer Flammkuchen. Ausgezeichnete Weine der Region, außerdem Flaschenbier. Mittlere Preise. - ÖZ: Mai bis September täglich ab 12 Uhr, Sa./So./Fei. ab 11.30 Uhr, kein Ruhetag. Oktober bis April Di.-Sa. ab 17 Uhr, So./Fei. ab 11.30 Uhr, Ruhetag = Mo.

Kloster Eberbach

Anfahrt und Parken - B 42 Wiesbaden - Rüdesheim, ab der Ausfahrt Kiedrich ist das Kloster Eberbach ausgeschildert. - Direkte Busverbindungen vom Bahnhof Eltville. - Besucher-P Ost und West.

Kloster Eberbach ist das berühmteste Wahrzeichen des Rheingaus und das bedeutendste mittelalterliche Gesamtkunstwerk in Hessen. Viele der repräsentativen Räume und Säle können für Veranstaltungen gemietet und individuell oder mit Führungen besichtigt werden. Für das leibliche Wohl sorgen zwei Restaurants, das Gästehaus bietet stilvolle Übernachtungsmöglichkeiten. - Kloster Eberbach wurde 1136 als Niederlassung des Zisterzienserordens in Clairvaux gegründet. Nach Plünderungen und Besetzungen im Bauernkrieg (1525) und im Dreißigjährigen Krieg (1631) erlebte die Abtei im 18. Jh. eine Blütezeit, in der die schlichten romanischen Gebäude im Barockstil umgestaltet bzw. neu erbaut wurden. Im Zuge der Säkularisation wurde Kloster Eberbach 1803 aufgehoben und u. a. als staatlicher Weinbaubetrieb, Gefängnis und Militärgenesungsheim genutzt. 1946 gelangte das Kloster in den Besitz des Landes Hessen unter Verwaltung der Hessischen Staatsweingüter. 1985 diente die Anlage als Drehort für die Innenaufnahmen zum Film »Der Name der Rose« nach dem Roman von Umberto Eco. 1986 begann die Generalsanierung. Seit 1987 finden in Kloster Eberbach Konzerte des Rheingau Musik Festivals statt. 1998 wurde die Anlage in das Eigentum der gemeinnützigen Stiftung Kloster Eberbach überführt. Seit Mai 2008 setzt die Hessische Staatsweingüter GmbH mit dem Steinbergkeller und dem angrenzenden »Steinberg«, dem historischen Lieblingsweinberg der Eberbacher Mönche, die jahrhundertelange Weinbautradition von Kloster Eberbach mit modernster Technik fort.

Der Rundgang - 1) Neues Krankenhaus (Eingang, Kasse, Klosterladen, Vinothek). Das in den 1750er Jahren errichtete, zweigeschossige Barockgebäude ersetzte das alte Hospital und trägt ein Mansardendach und das steinerne Wappen des Bauherrn. - Der 2) Kreuzgarten bildet das Zentrum der Klausur, die einst den Mönchen vorbehalten und von der Außenwelt isoliert war, und symbolisierte der Garten das Paradies. An der Nordseite sind als Rest des romanischen Kreuzgartens (vor 1186) die Fundamente eines Brunnenhauses erhalten. Die Zisterzienser waren bekannt für ihren Gartenbau (Obst, Gemüse, Heilkräuter). Die Gärten wurden im 18. Jh. und in nachklösterlicher Zeit neu gestaltet (u. a. Brunnen, exotische Kulturpflanzen, Lehrweingarten, Gartenhäuser). - Der 3) Kreuzgang entstand um 1250/70 bis Mitte des 14. Jh. als Verbindung zwischen den Klausurgebäuden. Um 1480 wurde der Westflügel für die Bibliothek in Fachwerk aufgestockt. Nach der Säkularisation wurden der Süd- und Ostflügel abgerissen. Aus der Zeit um 1370 stammen filigrane Figurenkonsolen. - Der 4) Kapitelsaal, Versammlungsort des klös-

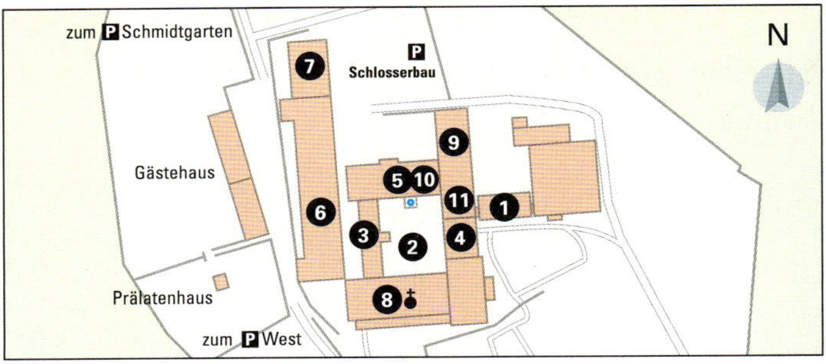

terlichen Konvents, entstand vor 1186 und wurde um 1345 umgestaltet (gotisches Sterngewölbe, feine Blumen- und Rankenmalerei auf den Gewölbekappen um 1500). - Vom vor 1186 erbauten und vor 1720 abgebrochenen 5) Mönchsrefektorium ist noch das romanische Portal zu sehen. Der Speisesaal der Mönche wurde in seiner heutigen Form von 1720 bis 1724 erbaut, westlich grenzt die ehemalige Klosterküche an. Die prächtige Stuckdecke wurde 1738 vom Mainzer Hofstuckateur Daniel Schenk gefertigt. Die Türen des Bücherschranks (17. Jh.) sind mit dem »sprechenden« Klosterwappen (Kloster - Eber - Bach) versehen. Der holzgetäfelte Saal bildet heute den repräsentativen Rahmen für Staatsempfänge der hessischen Landesregierung. - Das 6) Laienrefektorium, der Speisesaal der Laienbrüder (»Konversen«), gehört zum sog. Konversenbau, der um 1200 als größtes Eberbacher Gebäude entstand. Heute sind hier historische Weinkeltern zu sehen. - Über dem Laienrefektorium liegt das 7) Laiendormitorium. Der 83 m lange Schlafsaal der Laienbrüder ist der größte mittelalterliche Profanraum Deutschlands. - Die 8) Klosterkirche, eine dreischiffige romanische Pfeilerbasilika mit Querhaus und rechteckigem Chor im Osten, wurde in zwei Abschnitten um 1145 bis um 1160 und um 1170 bis 1186 errichtet, die gotischen Seitenkapellen um 1310 bis ca. 1340 angefügt. Von herausragender (kunst)historischer Bedeutung ist das Hochgrab des Mainzer Erzbischofs Gerlach von Nassau an der nördlichen Chorwand. - Das 9) Mönchsdormitorium, der Schlafsaal der Mönche, entstand um 1250 bis 1270 und wurde Mitte des 14. Jh. vollendet. Um 1500 baute man rechteckige Fenster in die frühgotischen Spitzbogenöffnungen ein und errichtete Zellen, nachdem die Liegen der Mönche zuvor frei im Raum gestanden hatten. 1930/31 wurde der frühgotische Zustand wiederhergestellt. - Das 1995 eröffnete 10) Abteimuseum dokumentiert mit Kunstwerken und Originaldokumenten die Geschichte von Kloster Eberbach. - In der um 1240/50 erbauten 11) Fraternei gingen die Mönche der häuslichen Arbeit nach. In der Frühzeit der Abtei diente der Raum wohl auch als Skriptorium. Um 1500 wurde der Brüdersaal zum Weinkeller umgebaut und dabei die Fenster zugemauert. In der Schatzkammer (»Cabinet«) lagerten die besonders wertvollen Weine, worauf die heutige Prädikatsbezeichnung »Kabinett« zurückgeht. Die Arkaden wurden im frühen 20. Jh. eingebaut.

Weitere Informationen sind erhältlich unter Tel. 06723/9178-100, Fax 06723/9178-101 und info@klostereberbach.de

Eltville - Taubenberg - Altes Forsthaus - Sülzbachtal - Eltville

Charakteristik - Am Rand der berühmten Wein-, Sekt- und Rosenstadt Eltville beginnt ein kurzweiliger Rundwanderweg durch berühmte Weinlagen des Rheingaus. Ein phantastisches Panorama über das Tal des Rheins und die Weinberge erfreut das Auge. Vorbei an einer Salzquelle geht es durch ein ruhiges Naturwald-Tal, wo sich Gelegenheit zur Einkehr bietet.
Anfahrt - A 66 Wiesbaden - Rüdesheim, B 42 Ausfahrt Eltville-Nord/ Martinsthal. - Bahn- und Busverbindungen von den Bahnhöfen Wiesbaden, Mainz und Frankfurt am Main (ICE).
Parken - Von Martinsthal kommend in Eltville erste Straße rechts Am Wiesweg. Dort P unter der der B 42-Sulzbachtal-Brücke, weitere P am Sportplatz.

7 km

2 Stdn.

Eltville - Taubenberg - Salzquelle - Altes Forsthaus - 1½ Stdn. - Zunächst geht man [ohne Markierung] die B 42 unterquerend rechts Am Hollerbusch, Wegweiser [Schützenhaus], ca. 300 m aufwärts. Überquerung der Brücke rechts, die über die B 42 führt, Markierung [Roter Punkt]. Der reizvolle Hohlweg wird gesäumt von Weißdorn- und Wildrosensträuchern, in denen die Clematis (Waldrebe) rankt. Er bildet die Grenze zwischen den Weinlagen Sandgrub und Taubenberg. Im Verlauf des langsam ansteigenden Weges öffnet sich der Blick mehr und mehr auf das Rheintal und die Weinberge. Linker Hand im Tal ist Kiedrich zu sehen und im Hintergrund der runde Bergfried der Burgruine Scharfenstein. Immer geradeaus mit Markierung [Roter Punkt] bis an den Waldrand. Diesen kurz entlang, dann **(!)** an Abzweigung rechts in den Wald (ein lohnender Aussichtspunkt bietet sich 50 m weiter am Waldrand bergauf). Nach gut 50 m wieder an Abzweigung links. Mit Markierung [Grünes Lindenblatt] geradeaus ca. 1 km über Waldweg. Dann rechts **(!)** ab-

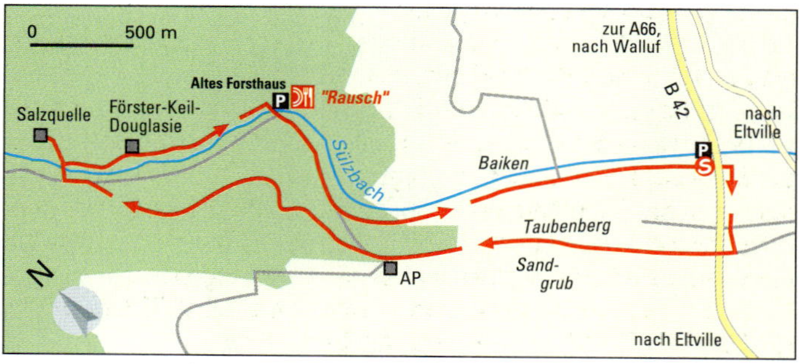

wärts, ca. 500 m bis zum Waldrand. Hier mit Markierung [Blauer Fisch] links ca. 100 m, dann rechts. Nach ca. 30 m liegt links die Salzquelle mit kleinem Teich und Rastplatz im Wald. Zurück auf dem Hauptweg geradeaus am Sülzbach (rechts) entlang, vorbei an Trimmpfad und Förster-Keil-Douglasie bis zum Alten Forsthaus mit der

Waldgaststätte Rausch - Ein idealer Platz zur Einkehr, der weit über die Grenzen von Wiesbaden bekannt ist. Im urgemütlichen, rustikalen Haus mit Biergarten werden bayerische, österreichische und hessische Spezialitäten serviert. Besonders empfehlenswert ist die ofenfrische Schweinshaxe. Kinderteller. Sieben Sorten Bier vom Fass. Offene Weine. Günstige Preise. - Großer P. - ÖZ: Mo.-Fr. ab 15 Uhr, Sa., So., Fei. ab 11 Uhr. Oktober bis März: Ruhetage = Mo. und Di.

Altes Forsthaus - Sülzbachtal - Eltville - ½ Std. - Richtung Eltville mit der Markierung [Rotes Dreieck] zurück. Am Neuen Forsthaus, bei dem das Tal des Sülzbachs sich etwas weitet, geradeaus weiter. Am steilen Rauenthaler Berg kommen die Lagen Baiken, Wülfen und Langenstück ins Blickfeld des Wanderers. Durch dieses Tal führt der Weg sanft abwärts, immer geradeaus zu den ersten Häusern von Eltville und zum Parkplatz.

Weitere Rundwanderwege - Ab dem P der Waldgaststätte Rausch: Altes Forsthaus, Antoniuseiche, Kreuzmannseiche, Forellenweg. - Sülzbach (linker Talweg), Alte Burg, Neues Forsthaus. - Sülzbach (rechter Talweg), Alte Burg, Sülzbach (linker Talweg).

TOUR
44

Oestrich-Winkel - Schlossheide - Johannisberg - Winkel

13 ½ km

4 ½ Stdn.

Charakteristik - Wunderschöne Panoramawanderung durch Weinfelder und Wald. Am Wegesrand liegen Burgen und Schlösser, Klöster und Kirchen und andere historische Bauten. Traumhaft schöne Ausblicke auf Rhein und Vorderpfalz. Mäßige Steigungen. Festes Schuhwerk empfehlenswert.
Anfahrt - Von Frankfurt bzw. Wiesbaden A 66. - Von Mainz A 63, dann B 42 bis Winkel.
Parken - P 8 am Rheinweg/Kerbeplatz. (3 Gehminuten zu Schorsch Eger's Weinstadl). - P 11 an der Graugasse.

Winkel - Älteste Ansiedlung der Rheingaustadt mit ältestem steinernem Wohngebäude Deutschlands, dem Grauen Haus. Sehenswert sind auch das Brentanohaus, in dem Goethe zu Gast war, die historische Fasseiche, die Pfarrkirche St. Walburga und die Grabstätte der Karoline von Günderode, die eine der bedeutendsten Dichterinnen der Romantik war.
Winkel - Schloss Vollrads - Haus Neugebauer - 2 Stdn. - Vom P aufwärts, Hauptstraße queren, Wegweiser [Gelber Rheinburgenweg/ Winkeler Flötenweg] an Kirchstraße folgen, Bahnunterführung passieren, weiter geradeaus bis Greiffenclaustraße. Dort rechts abdrehen und wieder links auf geteerte Rieslingstraße, [Gelber Rheinburgenweg]. Un-

Das romantisch in den Weinbergen gelegene Schloss Vollrads

Das Rheinufer in Winkel

ter Stromleitungen hindurch bis Sitzgruppe, auf Feldweg [Gelber Rheinsteig/Winkeler Flötenweg]. Dem Wegweiser folgen bis Schloss Vollrads, einem um 1330 erbauten, von Wasser umgebenen Schlossturm. Nun dem markierten Weg [Blauer Rheinsteig] folgen, der teilweise auch mit [Weinkelch/H7] übereinstimmt. Bald kommt links Burg Schwarzenstein in Sicht. An späterer Weggabelung, mit hohem Gestrüpp bewachsen, geteerten Weg links **(!)** entlang der Weide nehmen, weiter unten liegt Schlossheide. Weiter [Blauem Rheinsteig] folgen, rechts steil hoch durch Wald zum **Hotel & Restaurant Neugebauer** - Ruhige Lage im Wald. Gepflegte und wohltuende Atmosphäre, komfortable Gästezimmer, stilvolle und gemütliche Gasträume, herrliche Gartenterrasse. Gehobene Küche, regional und international, umfangreiche Wild- und Fischkarte, köstliche Weine der Region. Weinproben. Mittlere bis gehobene Preislage. - Großer P beim Haus. - ÖZ: Restaurant: Mo.-So. 10-23 Uhr - Küche: Mo.-Fr. 11.30-14.30 und 17.30-21.30 Uhr. Sa., So. und Fei. durchgehend.

➡ Haus Neugebauer - Johannisberg - Winkel - 2 ½ Stdn. - Vom Haus Neugebauer zur L 3272, diese überqueren und abwärts laufen, rechts auf Marienthalstraße in Richtung Stephanshausen in den Wald einbiegen. An Denkmal Oberforstmeister-Dobner-Ruhe links abschwenken auf [Blauen Schmetterling], Wiese passieren, bis man auf eine **(!)** Haarnadelkurve eines asphaltierten Weges stößt. Links Schleife aufwärts, vorbei an Wasserbehälter und Lehrbienenstand bis Weggabelung, wei-

ter links aufwärts dem betonierten Pfad [Mühlenwanderweg/H7/Weinkelch] folgen. Weiter geradeaus, [H7/Weinkelch]. Blick links auf Internatsschule Schloss Hansenberg, rechts in Richtung Kloster Johannisberg (ursprünglich Benediktinerkloster) einschwenken. Teilweise mit Kennzeichnung [Mühlenwanderweg] in Richtung Bundesstraße 42 entlang der Alten Stadtwaage den Ort durchqueren. An Bushaltestelle Grund links auf asphaltierten Märzackerweg, [R3/Weinkelch], abdrehen. Geradeaus weiter, rechts die Kapelle Christus in der Kelter, oben links Schloss Johannisberg. In die kreuzende Schillerstraße rechts einbiegen, abwärts bis Hauptstraße laufen, links abbiegen und zurück zum P. Auf dem Weg dorthin liegt das

Hotel & Weinhaus Schorsch Eger's Weinstadl - Entertainer Schorsch Eger ist bekannt aus unzähligen Rundfunk- und Fernsehsendungen. Zünftige und originelle Erlebnisgastronomie in mehreren urgemütlichen, rustikal eingerichteten Gasträumen mit Biergarten. Gruppen sind willkommen. Bier vom Fass und Weine vom eigenen Weingut. Komfortable Gästezimmer. Untere bis mittlere Preislage. Event- und Gaudiprogramme wie z. B. winterliche Weinwanderungen und Planwagenfahrten - Kein Ruhetag.

Johannisberg - Bekanntes Weindorf. Malerischer Ortskern mit liebevoll gestalteten und von Rosen bewachsenen alten Fachwerkhäusern. Gilt als Geburtsort der Spätlese. Heinrich Heine sang einst ein Loblied auf den von Reben bewachsenen Johannisberg, dem der Ort seinen Namen verdankt. Im »Grund« gibt es zahlreiche Mühlen.

TOUR
45

Stephanshausen - Presberg - Rheingauer Alp - Stephanshausen

19 km

5 Stdn.

Charakteristik - Über die sonnigen Rheinhöhen mit spektakulären Aussichten ins Wispertal. Auf größtenteils schattigen, nur mäßig fallenden bzw. steigenden, breiten Waldwegen durch romantische Täler zurück auf die Höhe nach Stephanshausen.

Anfahrt - Von Frankfurt und Wiesbaden A 66, von Mainz A 63, dann B 42 bis Geisenheim. Rechts dem Wegweiser [Johannisberg/Presberg] folgen bis Stephanshausen, dort dem Wegweiser [Landhotel Lietz] folgen.

Parken - Gäste-P am Landhotel Lietz und P an der Kirche.

Stephanshausen - Presberg - Rheingauer Alp - 2¼ Stdn. - Vom Gäste-P rechts an den Gasträumen vorbei die Straße links aufwärts. Am Ortsende links dem Wanderweg mit [Schwarzem Punkt] folgen. Nach scharfer Linkskurve diesen Weg verlassen und rechts am Waldrand entlang mit Wegweiser [Drachen] zum P Rennweg. Die L 3272 am Borderkreuz überqueren. Mit Wegweisern [Weißenthurm] und [Blauem Kreuz] bis Forsthaus Weißenthurm. Dort den Weg mit [Blauem Kreuz] verlassen und links vorbei an Tafel 16 zur L 3272. Dieser rechts für ca. 1 km bis Presberg folgen, Rüdesheimer Straße, an der Kirche vorbei, rechts in die Zetastraße bis Wegweiser [Bürgerhaus]. Rechts führt ein schmaler Weg mit schöner Rundsicht, [Roter Hirsch], abwärts direkt zur Rheingauer Alp.

Malerische Rhein-Impression

Rheingauer Alp - Stephanshausen - 2¾ Stdn. - Von der Auffahrt zur Rheingauer Alp abwärts kurz links auf L 3272 und dann gleich rechts auf dem Feldweg mit Markierung [Roter Hirsch] entlang an einem Wildzaun bis zur Teerstraße mit Wochenendhaus. Dort [Roten Hirsch] verlassen und rechts abwärts auf Teerstraße, später auf befestigtem Weg. Auf dem abwärts führenden Hauptweg mit [Gelbem Punkt] bleiben bis zum kleinen Weiher am Forsthaus Groloch. Kurz vor dem Weiher befindet sich scharf links ein Weg mit Grünstreifen in der Mitte, der sich leicht aufwärts durch den Wald schlängelt. Der Weg geht später in einen gut befestigten, breiten Waldweg über und führt mit geringer bis mittlerer Steigung ständig aufwärts. Diesem folgt man bis zur L 3454, dann links bis zur Gabelung. Straße überqueren und ab dort der Markierung [Schwarzer Punkt] auf Privatweg mit Schranke immer durch den Wald abwärts folgen bis zu einer zweiten Schranke und dem Waldrand. Links bis eine Ruhebank erscheint, dann rechts auf einen Feldweg und später auf einem Teerweg (wie auf dem Hinweg) zurück über die L 3272 nach Stephanshausen und zum

Landhotel Lietz - Das am Ortsrand gelegene Haus verfügt über komfortable Gästezimmer, gemütliche Gasträume mit Kachelofen und eine sehr schöne, ruhige Gartenterrasse. Familienbetrieb mit behaglicher und gepflegter Atmosphäre. Die gutbürgerliche Küche bietet rustikale Gerichte, aber auch Schonkost. Extrateller für Kinder. Grillabende und im Winter Rheingauer Landbuffet jeweils mittwochs. Rheingau-Rieslinge. Mittlere Preislage. - Ruhetag = Mo.

TOUR
46

Rüdesheim am Rhein - Historischer Stadtrundgang

1 Std.

Anfahrt - A 66 Frankfurt - Wiesbaden, auf den Rhein-Main-Schnellweg, der in die B 42 übergeht. Richtung Koblenz. B 42 wird in Rüdesheim zur Geisenheimer Straße.
Parken - Großer P »Rheinhalde« zwischen Geisenheimer Straße und Bleichstraße - P »Drosselgasse«, Oberstraße.

Rüdesheim am Rhein - liegt im Mittelrheintal und ist Teil des UNESCO-Welterbes. Die malerische Landschaft des Rheingaus, der hervorragende Wein und die historischen Bauwerke machen das Winzerstädtchen sehr sehenswert.
Restaurant-Café Seilbahn - Das in unmittelbarer Nähe zur Drosselgasse gelegene Restaurant-Café verfügt über urgemütliche Gasträume, eine große Gartenterrasse und eine lauschige Weinlaube. Die Küche ist ideenreich und vielfältig, große Fisch- und Wildkarte, frische Forellen, Wildsülze, saftige Steaks. Kleine und leichte Gerichte. Günstige Tageskarte. Frische Waffeln und Apfelstrudel. Mittlere Preise. - ÖZ: 10-22 Uhr. - Ruhetag = Mo. (nur Dezember bis März).
Historischer Rundgang - Der Rundgang beginnt an der Tourist-Information in der Geisenheimer Straße. Von hier aus folgt man der Bleichstraße in westlicher Richtung immer geradeaus. Nach dem Überqueren der Grabenstraße erblickt man nach ca. 100 m auf der linken Seite den 1) Adlerturm, der, im 15. Jh. im Stil der Spätgotik erbaut, als Eckturm zur alten Stadtbefestigung gehörte. Im 19. Jh. war hier das Gasthaus »Zum Adler« untergebracht, das dem Gebäude seinen Namen gab und Johann Wolfgang von Goethe als Quartier während seiner Aufenthalte in Rüdesheim diente. Vom Adlerturm folgt man der Rheinstraße bis zur nächsten Kreuzung, dort biegt man rechts in die Marktstraße ein, die auf den Marktplatz führt. Hier findet alljährlich im August das Rüdesheimer Weinfest statt. Die 2) Katholische Pfarrkirche St. Jakobus, die

den Marktplatz überragt, wurde im 14. Jh. errichtet und nach fast vollständiger Zerstörung im Jahre 1944 bereits 1953 wieder aufgebaut. Besonders sehenswert sind hier einige wertvolle Kunstwerke wie die mittelalterlichen Bildnisgrabsteine alter Rüdesheimer Adelsgeschlechter im nördlichen Seitenschiff, der Mittelaltar, die Kapelle im Turm und das gotische Tympanon am Westportal. Nach der Kirchenbesichtigung überquert man den Marktplatz in westlicher Richtung und folgt der gleichnamigen Gasse zum 3) Klunkhardshof (siehe Bild), einem malerischen Fachwerkbau aus dem frühen 16. Jh. Das zweigeschossige Gebäude gehörte damals der angesehenen Familie Klunkhard, die zahlreiche geistliche Würdenträger hervorbrachte. Ein schmaler Durchgang führt von hier in das älteste Gässchen Rüdesheims, die Löhrstraße. Diese mündet in die Oberstraße, in die man nach links einbiegt und in der das Restaurant-Café Seilbahn (siehe S. 126) zur Rast einlädt. Man passiert die Talstation der Seilbahn zum 4) Niederwalddenkmal, einem ca. 38 m hohen Monument, welches 1877-1883 errichtet wurde und als Symbol für die Wiedererrichtung des deutschen Kaiserreiches nach dem deutsch-französischen Krieg 1870/71 hoch über Rüdesheim thront. Kurz hinter der Seilbahnstation zweigt die berühmte 5) Drosselgasse (siehe Bild S. 128) links ab, in der sich zahlreiche Weinlokale aneinander reihen. Am unteren Ende der Drosselgasse kreuzt die Rheinstraße, auf der man in west-

Rüdesheim mit Rheinauen

licher Richtung zur 6) Brömserburg (Niederburg) weitergeht. Die etwa 1000 Jahre alte Burg diente über mehrere Jahrhunderte hinweg den Erzbischöfen von Mainz als Wohnsitz. Anschließend beherbergte sie diverse Rittergeschlechter, u.a. die Brömser, die über mehrere Generationen in der Burg lebten und dieser ihren Namen gaben. Als es im Dreißigjährigen Krieg zur Zerstörung des südöstlichen Teiles kam, bauten die Brömser sich in Rüdesheim den Brömserhof als Wohnhaus. Nach mehreren Besitzerwechseln wurde die Burg 1941 von der Stadt Rüdesheim erworben. Heute ist in den historischen Gewölben das Rheingauer Weinmuseum untergebracht, die älteste weinbezogene Sammlung der Welt. Hier werden nach Vereinbarung Führungen für Gruppen, auf Wunsch auch mit Weinprobe, durchgeführt. Durch die Burgstraße erreicht man die in unmittelbarer Nähe gelegene 7) Boosenburg (Oberburg), von der nur noch der romanische Bergfried erhalten ist, der mit seinen Formen auf eine Errichtung im 9. Jh. hindeutet. Da sich das Anwesen in Privatbesitz befindet, kann es nur von außen besichtigt werden. Am Ende der Burgstraße biegt man nach rechts in die Oberstraße ein, in der sich einige sehenswerte alte Adelshöfe aus verschiedenen Epochen aneinander reihen. Als schönster dieser Höfe gilt der 8) Brömserhof mit seiner gotischen Kapelle und den prächtigen Fresken im Ahnensaal. Hier befindet sich auch Siegfrieds Mechanisches Musikkabinett, eine der größten Sammlungen selbstspielender Musikinstrumente aus dem 18. bis 20. Jh. Von der Oberstraße biegt man rechts in die Grabenstraße ein und folgt dann links der Geisenheimer Straße zurück zur Tourist-Information.

TOUR
47

Rüdesheim - Niederwalddenkmal - Rossel - Jagdschloss Niederwald - Assmannshausen - Rüdesheim

12 ½ km

3 ½ Stdn.

Charakteristik - Ein Wanderweg wie aus dem Bilderbuch mit traumhaft schönen Eindrücken und Ausblicken. Mittels der Seilbahn (Kombiticket) um 1 ¼ Stdn. zu verkürzen.
Anfahrt/Parken - Wie S. 126. In Rüdesheim P 2 Drosselgasse.

Rüdesheim am Rhein - Berühmter Weinort mit vielen Sehenswürdigkeiten. Weltbekannt durch seine Drosselgasse. Ortsteil Assmannshausen, hoch geschätzter Erholungs- und Rotweinort. - Gondelbahn Rüdesheim-Niederwalddenkmal. Sesselbahn Assmannshausen-Jagdschloss. (Ostern bis Ende Oktober).

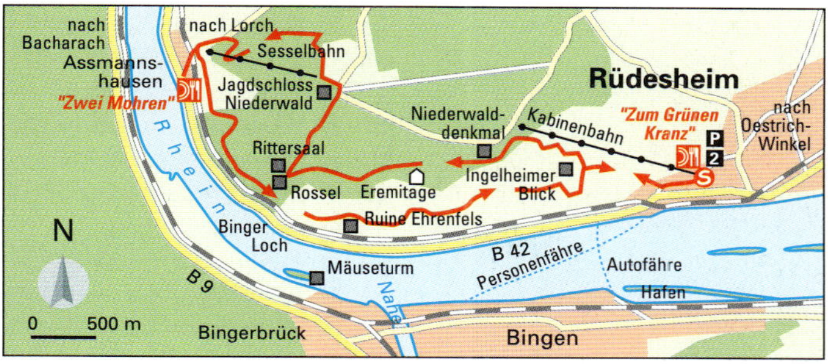

Hotel Restaurant Zum grünen Kranz - 100 m von der Seilbahn, unweit der Drosselgasse. Urgemütliche Gasträume, mit Innenhof und Gartenterrasse. Gutbürgerliche Küche mit regionalen, internationalen und saisonalen Angeboten. Wild, Fisch, Hausspezialitäten. Kinder- und Seniorenteller. Hauseigene Vinothek - Weinwanderungen, Weinproben und Weinbergvesper. Mittlere Preise. - Kein Ruhetag.

Rüdesheim - Niederwalddenkmal - gut ¾ Std. - Vom Hotel-Restaurant Zum grünen Kranz (vom P 2: Germaniastraße, Oberstraße) zur Seilbahntalstation. Oberstraße weiter, vorbei an der Drosselgasse, Richtung Weinmuseum. Straße Am Feldtor rechts, [Gelber Strich], auch [RV], Wegweiser. Aufwärts, am Rückhaltebecken rechts **(!)** vorbei, am Bächlein aufwärts zum Ingelheimer Blick. Später viele Stufen hoch zum Rebenhaus und weiter aufwärts zu befestigtem Weg. Links ab, mit [Gelbem Strich], zum Niederwalddenkmal (s. S. 127 und Bild oben).

Niederwalddenkmal - Rossel - Jagdschloss Niederwald - ¾ Std. - Geradeaus weiter, links an der Schutzhütte vorbei. Konsequent dem [Gelben Strich] bzw. den Wegweisern zu den AP folgen: [Binger

Blick auf Assmannshausen, Rheinfront und Weinbergslagen

Blick] - [Hunsrückblick] - [Eremitage] - [Naheblick] - [Rossel] - [Rittersaal] - [Zauberhöhle] - [Jagdschloss].

➡ Jagdschloss - Assmannshausen - knapp ½ Std. - Hinter dem Hotel [ohne Markierung] links, vorbei am Wildpark zur Seilbahnstation. Rechts davon Fußweg abwärts, Wegweiser. Der viel begangene Weg ist kaum zu verfehlen. Über dem Tal die berühmte Rotweinlage Höllenberg. Vor Schutzhütte scharf rechts abwärts. Waldstraße abwärts, Niederwaldstraße links, Seilbahnstation, Bahnübergang, Rheinuferstraße links zum

Hotel Zwei Mohren - Herrliche Lage am Rhein. Direkt vom Bahnhof zu erreichen. Behagliche Komfortzimmer, Lift, Tiefgarage. Gemütliche Gasträume. Prächtige Terrasse am Rhein. Gutbürgerliche Küche. Saisonale Spezialitäten. Leckere Mittagsgerichte. Fischkarte. Frische Salate. Kuchen, Torten und Eisspezialitäten. Bier vom Fass. Offene Weine. Mittlere Preise. - Wandergepäck kann deponiert werden. Gebührenfreier P. - ÖZ: April bis Dezember geöffnet.

➡ Assmannshausen - Rüdesheim - 1 ½ Stdn. - Vom Hotel zur Seilbahn. Gleich oberhalb Bohrenweg rechts, Rieslingpfad, [Goldener Römer auf Grün], auch [H 7], Wegweiser. Jetzt bis zum Ziel phantastische Ausblicke. Ab dem Bogen nach links auch Wegweiser [Josef-Kleinsorge-Weg]. Kurz durch Wald. NSG. Steinbruchgelände (links). AP Bingerloch-Blick mit Infotafel. Dann AP zur Burgruine Ehrenfels (13./ 14. Jh., ehem. Mainzer Zollburg), dem Mäuseturm (14. Jh., ehem. Signal- und Zollturm), Bingerbrück, Nahemündung, Bingen. Aufwärts, dann Abzweig halb rechts, auf [Josef-Kleinsorge-Weg] durch die Rebhänge. Am eckigen Steinturm rechts, Querweg links, AP Gedenkstein Rebflurbereinigung. Prachtvoller Blick auf Rüdesheim. Halb links St. Hildegardis. Linksbogen zum Ingelheimer Blick. Zurück zum Hotel Restaurant Zum grünen Kranz.

Rüdesheim-Ebental - Teufelskadrich - Eiserne Hand - Ebental

Charakteristik - Die fast ebene Wanderstrecke weist nur wenige sanfte Steigungen auf und führt zu einem herrlichen Aussichtspunkt ins Rheintal, auf den Hunsrück und den Taunus.
Anfahrt - A 61 Köln - Ludwigshafen, Ausfahrt Bingen, Autofähre nach Rüdesheim am Rhein. - B 42 Wiesbaden - Koblenz bis Rüdesheim am Rhein. Von Rüdesheim Landstraße L 3454 nach Presberg, Wegweiser [Ponyland]. - Bahnhof Rüdesheim am Rhein an der Bahnlinie Wiesbaden - Koblenz. Von dort Rufbus 187 (Tel. 01803/101113, bis 1 Std. vor Abfahrt bestellbar) bis Haltestelle Rüdesheim Ponyland. - Seilbahn zum Niederwalddenkmal, von dort ca. 30 Min. Fußweg.
Parken - Großer Gäste-P beim Ebentaler Hof und andere P in der Umgebung.

11 km

3 Stdn.

Ebental - Teufelskadrich - gut 1 Std. - Vom Ebentaler Hof (287 m) zur Landstraße, rechts, 200 m abwärts, dann links Straße Richtung Aulhausen 200 m, dann mit [Grüner Tanne] und [Grünem Laubblatt] rechts ab durch den Wald. Man kommt kurz oberhalb des P Horwitt auf eine Fahrstraße. Links aufwärts mit [Rotem Fuchs] (links und rechts zwei Hügelgräber) bis zum P Segelfliegerwiese (342 m). Hier geht ein Waldpfad links abwärts mit [Schwarzem Käfer], der nach 300 m auf eine Fahrstraße stößt. Man biegt rechts ab und geht am Hang entlang mit [Schwarzem Käfer] aufwärts bis zur Sattelhöhe des Weges, dann biegt man [ohne Markierung] links ab und geht 50 m zum Felsen Teufelskadrich (414 m) mit der Weberhütte. Von hier bietet sich ein schöner Blick in das Mittlere Rheintal, nach Trechtingshausen, zur Burg Sooneck und über den Hunsrück.
Teufelskadrich - Kammerforst - Eiserne Hand - knapp 1 Std. - Man kehrt zurück zum Weg mit [Schwarzem Käfer] und [Schwarzem R = Rheinhöhenweg] und geht 250 m geradeaus. Auf dem Waldpfad mit [Schwarzem R] immer weiter bis zum Hirschmannstein und weiter, am Forsthaus Kammerforst (450 m) vorbei und mit [Schwarzem R] in Windungen zur Wegspinne Eiserne Hand (455 m) mit Bänken und Tischen.
Eiserne Hand - Ebental - 1 Std. - Hier geht der Weg rechts ab mit [Schwarzem Punkt] und [Braunem Hasen], nach 50 m wieder rechts aufwärts mit [Braunem Hasen] bis zur Kreuzung. Dann geht man auf einem Waldweg geradeaus [ohne Markierung] über die Waldburghöhe. Der Waldweg führt leicht abwärts bis zum Querweg links mit [Rotem Vogel]. Auf einem Waldpfad geht man oberhalb der Segelflugwiesen mit schöner Aussicht geradeaus **(!)** und biegt am Waldrand rechts ab. Der Weg geht am Waldrand geradeaus abwärts mit [Rotem Vogel], nach kurzer Zeit gesellt sich die Markierung [Roter Fuchs] hinzu. Kurz vor

dem P Segelfliegerwiese sind rechts zahlreiche Hügelgräber zu sehen. Man biegt am P mit [Rotem Fuchs] links ab. Kurz vor dem P Horwitt biegt man rechts **(!)** mit [Grüner Tanne] und [Grünem Laubblatt] ab und kehrt auf bekanntem Weg zurück zum

Ponyland- Ebentaler Hof - Die Gaststätte ist Teil des quadratisch angeordneten Gehöfts mit Toreinfahrt und Innenhof. Die Einrichtung ist modern-rustikal. Im Hinterzimmer steht eine lange Tafel zur Verfügung. Die Atmosphäre ist zünftig und angenehm, die Küche gutbürgerlich. Morgens: Frühstück ab 9 Uhr, mittags: Speisekarte, durchgehend: Vesperkarte. Deftiger Erbseneintopf, Kartoffelpuffer, Salate. Feine Kuchen und Torten. Untere bis mittlere Preislage. - ÖZ: 10-18 Uhr, 15. Dez.-15. Jan. geschlossen. Nur Nov.-Feb.: Ruhetage = Mo. und Di. - Dem Hof ist ein Campingplatz angeschlossen. Daneben gibt es Möglichkeiten zum Ponyreiten und zu Kutschfahrten durch Felder und Wiesen des Ebentals mit herrlichen Ausblicken auf das Rheintal und die Taunus- und Hunsrückhöhen. Auch Hubschrauber-Rundflüge an wenigen, festgelegten Flugtagen sind möglich.

Weitere Wandermöglichkeiten

➡ Ebental - Aulhausen - Jagdschloss Niederwald - AT Rossel.
➡ Ebental - Forsthaus Rüdesheim - Nothgottes - Antonius-Kapelle - Kloster Marienthal.
➡ Ebental - Nothgottes - Windeck - Abtei St. Hildegard.
➡ Ebental - Ruine Plixholz - Stephanshausen.

TOUR
49

Kammerburg - Werkerbachtal - Espenschied - Kammerburg

16 km

4½ Stdn.

Charakteristik - Der schöne, lichte Wald- und Wiesenweg führt teils an Bächen entlang, teils über Höhen und enthält leichte bis mittlere Steigungen. Belohnt wird der Wanderer mit wunderschönen Ausblicken auf die umliegenden Taunushöhen und die tief eingeschnittenen Täler. Festes Schuhwerk ist empfehlenswert.
Anfahrt - Von Frankfurt und Wiesbaden A 66, von Mainz A 63, dann B 42, über Eltville, Oestrich-Winkel, Geisenheim, Rüdesheim, Lorch, Ausfahrt Bad Schwalbach, Wispertal, nach der Unterführung links, vor der Brücke rechts in die Schwalbacher Straße, immer Wegweisern [Bad Schwalbach] folgen. - Bus RTV 191 von und nach Lorch Bhf.
Parken - Großer P Gasthaus Kammerburg (Wispertalstraße L 3033).

Burg Rheinberg - Im Jahre 1165 errichtet, war sie die älteste, wichtigste und nördlichste Burg im Wispertal. 1170 wurde sie als kurmainzisches Lehen erwähnt. 1280 wurde die Anlage durch Erzbischhof Wernher von Eppstein zerstört und bis 1315 durch die Grafen von Katzenelnbogen und die Söhne Adolfs von Nassau wieder aufgebaut. Ab 1399 war die Burg pfälzisches Lehen. Gegen Ende des 18. Jh. verfiel sie. Der mächtige Burgfried ist gut erhalten. Die Ruine ist heute in Privatbesitz.
Kammerburg - 1279 als Trutzburg durch Erzbischhof Wernher von Eppstein erbaut zur erfolgreichen Belagerung der Burg Rheinberg. Während des 16 Jh. wurde die Burg mehrfach verpfändet, zuletzt an Kurpfalz. Heute ist die Ruine in Privatbesitz.
Der Rundweg - Vom P Gasthaus Kammerburg an der Wispertalstraße asphaltierter Seitenstraße, Wegweiser [Wollmerschied, Lipporn], rechts vom Werkerbach aufwärts folgen, [Schwarzes T], [Blaues X]. Links steht auf hohem Fels die Ruine Kammerburg. Nach ca. 15 Min. links über den Werkerbach und sofort scharf rechts auf breitem Schotterweg stetig aufwärts, [Schwarzes T], [Blaues X], im Rücken Blick auf die Ruine Rheinberg. Vorbei an großer Wildfutterhütte (Markierung dürftig!) leicht abwärts bis zur großen Kreuzung, rechts auf Wisperwanderweg, [Schwarzes W], abwärts bis zur Kreisstraße K 627, ca. 100 m auf Asphalt aufwärts zur Bebauungsgrenze Wollmerschied. Am ersten Haus rechts (Kramacher Weg), [Schwarzes W], zum Wald und dem Tal abwärts folgen bis zur Kreisstraße K 627, links abwärts auf Asphalt bis Abzweigung Kreisstraße K 625, Wegweiser [Lorch], rechts auf Asphalt abwärts ca. 800 m, dann links über den Werkerbach aufwärts auf Schotter- und Waldweg, [Schwarzes W], über Schieferklippen oberhalb Forsthaus Werkerbrunnen bis zum Sauerbornbach. [Schwarzes W] verlassen **(!)** und auf breitem Schotterweg geradeaus aufwärts, [Blauer Fisch], erst links, dann

rechts vom Sauerbornbach. Hohe Pappeln säumen Weg und Bach, Markierung dürftig! Am umzäunten Brunnen mit Hochsitz Abzweigung scharf rechts aufwärts, [Roter Fuchs] folgen bis zur Haarnadelkurve. Hier **(!)** ohne Markierung scharf links, leicht aufwärts bis zur freien Wiese, links über Wiese aufwärts, [Schwarzes W], über die Freifläche auf den großen Siloturm zugehen. An der ersten Bank schöner Rundblick über die Taunushöhen und das tief eingeschnittene Wispertal bis zur Ruine Rheinberg und zum Soonwald am Horizont. Zwischen Lindenhof und Birkenhof bis zum Asphaltweg, rechts »Neuer Weg«, [Blauer Fisch], folgen (schöner Blick auf Espenschied und die Taunushöhen) bis zum wunderschön in den Wiesen gelegenen Pathfesterhof. Hof links liegen lassen, rechts **(!)** über Feldweg geradeaus abwärts in **(!)** den Wald, Markierung fehlt **(!)**. [Blauem Fisch] durch den Wald folgen, auf breitem Schotterweg immer leicht abwärts (Blick ins tiefe Werkerbachtal und später zur Ruine Rheinberg) bis zur Kreisstraße K 625, links auf Asphalt ca. 300 m zum

Gasthaus Kammerburg - Das am Waldrand gelegene Gasthaus entstand aus einer mittelalterlichen Getreidemühle und verfügt über verschiedene, rustikal und behaglich eingerichtete Räume (auch Raucherzimmer). Auch für Familienfeiern und Seminare geeignet. Gruppen willkommen. Im Sommer Terrasse. Kinderspielplatz, Grillfeste, Kinderfest. Kuchen, Torten, Vesperkarte, auch für »Biker« und Wanderer. Eigene Fischbecken. Frische und geräucherte Forellen aus dem Wispertal, Wild aus den Taunuswäldern. Mittlere Preise. - Großer P am Haus. - ÖZ: März bis Okt. täglich ab 10 Uhr bis abends. Kein Ruhetag. - Winter-ÖZ bitte erfragen.

TOUR 50

Espenschied - Drei-Burgen-Weg - Geroldstein - Espenschied

15 km

4½ Stdn.

280 m

Charakteristik - Schöner Wald- und Wiesenweg mit sportlicher Note. Er führt teilweise an Bächen entlang und enthält mittlere bis starke Steigungen. Belohnt wird der Wanderer mit wunderschönen Ausblicken auf die umliegenden Taunushöhen, das Wispertal und die drei Burgruinen. Festes Schuhwerk empfehlenswert!
Anfahrt - Von Frankfurt und Wiesbaden A 66, von Mainz A 63, dann B 42, über Eltville, Oestrich-Winkel, Geisenheim, Rüdesheim, Lorch, Ausf. Bad Schwalbach, Wispertal, nach Unterführung links, vor Brücke rechts in Schwalbacher Straße, immer Wegweiser [Bad Schwalbach], [Espenschied] folgen. - Bus RTV 191 von und nach Lorch Bhf.
Parken - P beim Gasthaus »Zur Linde«.

Espenschied (450 m) - Der staatlich anerkannte Luftkurort liegt in heilklimatisch günstiger Südhanglage im Naturpark Rheingau-Taunus. Man erreicht den Ort durch das romantische Wispertal. Espenschied ist ein typisches Rheingauer Höhendorf. Es strahlt Ruhe, Beschaulichkeit und Harmonie aus. Der in über 800 Jahren gewachsene Kern des Dorfes mit denkmalgeschützten, schiefergedeckten Häusern und der über 300 Jahre alten Dorfkirche ist auch heute noch der Mittelpunkt des Lebens. Hier trifft man sich an lauen Sommerabenden und diskutiert die große und die kleine Politik.

Espenschied - Naturfreundehaus Dickschied - Geroldstein - 2 Stdn. - Vom Gasthaus Zur Linde aufwärts Richtung Kirche, erster Weg rechts, Wilhelmstraße zur Hauptstraße kreuzen, weiter auf dem Wisperwanderweg, Markierung [Schwarzes W] (gilt bis Geroldstein). Vorbei an Grillhütte und Wiesen abwärts zum Herzbachtal, Bach kreuzen bis zum Mehrbach, auch diesen kreuzen und links aufwärts am rechten Bachufer, Markierung **(!)** [Schwarzes W] zusammen mit [Schwarzem liegendem U], durch den Wald aufwärts (Markierung teilweise lückenhaft) bis das [Schwarze W] scharf **(!)** rechts steil aufwärts abbiegt. Dem [Schwarzen W] weiter folgen, vorbei an Wiesen zum Tansplatz und Naturfreundehaus, rechts abwärts nach Geroldstein. Nach Waldaustritt an scharfer Linkskurve herrlicher Blick (Bank) auf Ort und Ruine Geroldstein und Ruine Haneck oder Schwarzenberg, im Zickzack auf Fahrweg bis zur Talbrücke.

Geroldstein - Ruine Haneck - Ruine Lauksburg - gut 1½ Stdn. - Von der Wisperbrücke Landstraße L 3033 queren und direkt am Pfosten mit der Markierung [Grünes N mit Pfeil] aufwärts, vorbei an Wohnhaus, [ohne Markierung] weiter aufwärts, vorbei an altem Pumpenhaus, über Schieferfeld (rechts steiler Aufstieg zur Ruine Haneck möglich, Innenhof mit Holztür verschlossen) und weiter direkt am Bach steil **(!)**

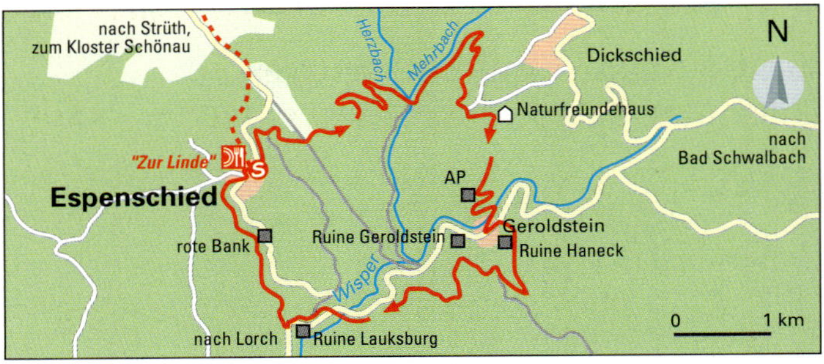

aufwärts. Der Weg ist sehr naturbelassen! An der ersten Kreuzung scharf rechts auf Schotterweg weiter leicht aufwärts bis zur Markierung [Roter Balken]. Breitem Fahrweg abwärts folgen bis zum Forsthaus an der L 3033, links auf Straße kurzer Weg zur Ruine Lauksburg.

➡ Ruine Lauksburg - Espenschied - 1 Std. - L 3033 queren, vorbei am historischen Mühlrad nach links, über die Wisperbrücke, dann scharf rechts vor Bruchsteintorbogen aufwärts und weiter mit Markierung [Schwarzer Hirschkäfer] aufwärts nach Espenschied. Bachlauf steil und eng aufwärts folgen, vorbei an roter Bank und Klärwerk zur Bebauungsgrenze. Von hier folgt man weiter dem [Schwarzen Hirschkäfer] bis zur Dorfmitte, um sich nach dem anstrengenden Anstieg mit der verdienten Einkehr im Gasthaus Zur Linde zu belohnen.

Gasthaus Zur Linde - Gemütlich eingerichteter Gastraum. Behagliche und wohltuende Atmosphäre. Sommerterrasse. Gutbürgerliche Küche (durchgehend), Hausspezialität: Wildsülze. Zu trinken gibt es Bier vom Fass, Rheingauer Weine und Apfelwein. Sonntags findet meist ein Frühschoppen mit Livemusik und Volksliedersingen statt, bei dem auch die Gäste als Akteure teilnehmen dürfen. Für Raucher steht im Winter im Hof ein wind- und wetterfestes Abteil als »Räucherkammer« bereit. Untere Preislage. - ÖZ: Mo.-Fr. ab 17 Uhr, Sa. ab 16 Uhr, So. ab 11.30 Uhr. - Ruhetag = Mi.

➡ Weiterer Wanderweg - Mit Markierung [Blauer Schmetterling] und [Schwarz-weißes M] aus Espenschied nördlich, vorbei an Strüht zum Kloster Schönau und zurück (ca 8 ½ km).

Kaub - Burg Gutenfels - Niedertal (Freistaat Flaschenhals) - Rheinsteig - Kaub

Charakteristik - Ein herrlicher Rundweg mit sportlicher Note zu den Rheinhöhen und durch das Gebiet des ehemaligen Freistaates Flaschenhals, teilweise dem Rheinsteig folgend; zu jeder Jahreszeit gut begehbar.
Anfahrt - A 66/B 42 von Wiesbaden/Frankfurt. - Von Nordwesten über die L 339 oder von Westen A61/B9 über Rheinfähre Kaub/Langscheid.
Parken - An der B 42 verschiedene Parkmöglichkeiten.

16 km

4½ Stdn.

Kaub - Schönes Rheinstädtchen mit historischen Bauwerken und gemütlichen Einkehrmöglichkeiten. Von der Stadtbefestigung sind noch Reste mit fünf erhaltenen Haupttürmen und einem Wehrgang zu sehen, der bei Hochwasser als Notgang benutzt werden kann. Das Blücher-Denkmal erinnert an den Feldmarschall, der durch seinen Rheinübergang bei Kaub im Jahre 1813 die linksrheinischen Gebiete von der Besatzung durch Napoleons Armee befreite. In den ehemaligen Wohnräumen des Feldmarschalls wurde das Blücher-Museum eingerichtet. Das Wahrzeichen von Kaub ist die auf einer Felsinsel im Rhein gelegene Burg Pfalzgrafenstein (»Die Pfalz«). Die Anlage entstand aus einem 1326/27 durch Ludwig den Bayern erbauten Turm als Zollwache und wurde später durch eine Ringmauer und einen Wehrgang erweitert. Heute ist die Burg über eine Personenfähre von Kaub aus erreichbar.
Freistaat Flaschenhals - Der einzigartige Kleinstaat bestand vom 10. Januar 1919 bis zum 25. Februar 1923. Die westlich des Rheins gelegenen Provinzen waren von den alliierten Armeen besetzt, die jedoch auch östlich des Rheins militärisch präsent sein wollten und deshalb bei Köln, Koblenz und Mainz halbkreisförmige Brückenköpfe mit einem Radius von 30 km einrichteten. Die Brückenköpfe von Mainz (Frankreich) und Koblenz (USA) berührten sich bei Laufenselden im Taunus und hinterließen zwischen sich einen freien Raum in Form eines Flaschenhalses. Das Gebiet war komplett isoliert und so wurden die 8000 Einwohner über Schmuggelpfade versorgt. Am 25. Februar 1923 besetzten französische Truppen gegen die Vereinbarungen im Vertrag von Versailles das Gebiet, mussten es jedoch am 16. November 1924 wieder freigeben. 1994 gründeten engagierte Winzer und Gastronomen die Freistaat Flaschenhals Initiative (FFI) und verpflichteten sich, Weine zu erzeugen, die über den gesetzlichen Qualitätsnormen liegen und unter einem gemeinsamen Etikett vermarktet werden. In Restaurants, Gutsschänken und Straußenwirtschaften kann man dazu regionaltypische Spezialitäten genießen.
Der Rundweg - Von der B 42 durch Unterführung, dann der Zollstraße folgen. Durch die Metzgergasse zum Marktplatz, dort aufwärts,

Blücherstraße stadtauswärts, bis rechts die Markierung [R] abgeht. Diesem Weg zunächst parallel zur Straße Richtung Burg folgen, dann aufwärts an Burg Gutenfels (erbaut 1220 als typische Stauferburg, heute in Privatbesitz) vorbei. Oberhalb des Rheins mit schöner Aussicht biegt der Weg dann bald nach links in bewaldetes Gelände ab. Nach etwa 15-20 Min. an Tennisplätzen vorbei zum dortigen P. Auf Teerstraße nicht **(!)** geradeaus, sondern links **(!)** aufwärts (Adolfstraße) der Teerstraße folgen bis kurz vor den P Am Sauerberg. Dort geradeaus aufwärts **(!)** auf Weg durch den Wald bis zum zweiten Querweg rechts. Markierung [R] jetzt verlassen, am Wald entlang und an Tafel 20 [Rheingauer Gebück] vorbei geradeaus weiter am Waldrand entlang. Dann über freies Gelände, Wegweiser, bis zu einem befestigten Weg (links am Horizont Hof Sauerberg); diesem Weg immer abwärts folgen (Talweg), am Trifter Brunnen vorbei (Hütte mit Bänken und Spielplatz). Teerstraße immer weiter abwärts folgen vorbei an Schrebergärten, bis ein Weingut in Sicht kommt. Vorher an der Abzweigung Freistaat Flaschenhals rechts. Abbiegen auf neu angelegtem Weg, Markierung [H 7] folgen durch ehemalige Weinberge, Markierung [Gelber Kelch auf grünem Grund]. An Ruhebank vorbei mit schönem Blick auf die 1909 erbaute Clemenskapelle und Panoramablick ins Tal. Weiter bis Niedertal, am Rhein entlang, teilweise im Wald aufwärts bis zur Landesgrenze zwischen Rheinland-Pfalz und Hessen (Grenzüberschreitung Cur Mainz - Cur Pfalz). Hinter der Grenze über einen kleinen Waldweg weiter aufwärts bis zu befestigtem Forstweg. Auf dem Rheinsteig mit der Markierung [Weißes stilisiertes R auf blauem Grund] wieder am Rhein entlang mit sehr schönen Ausblicken auf den Fluss und auf Lorchhausen sowie das noch entfernt liegende Städtchen Kaub. In Kaub ankommend auf der Bahnstraße am Bahnhof vorbei wieder Richtung B 42 zum Parkplatz.

Burg Gutenfels oberhalb von Kaub

TOUR
52

Kamp - Osterspai - Filsen - Naturlehrpfad Mittelrhein - Kamp

Charakteristik - Reizvolle Rundwanderung mit immer wieder lohnenden Aussichten auf das Unesco Welterbe Mittelrheintal, bei der man im »Vorbeigehen« etwas lernen kann. Für das Begehen des Naturlehrpfades Mittelrhein ist festes Schuhwerk und etwas Trittsicherheit erforderlich.
Anfahrt - B 42 von Koblenz aus das Rheintal aufwärts bzw. von Wiesbaden aus abwärts. - B 9, dann übersetzen mit Rheinfähre Boppard. - Rechtsrheinische Bahnstrecke Wiesbaden - Koblenz, Bhf. Kamp-Bornhofen.
Parken - Direkt am Rhein an der B 42 bei den Schiffsanlegestellen.

13 km

3½ Stdn.

Kamp-Bornhofen - Bekannter Wallfahrtsort zu Füßen der beiden Burgen Liebenstein und Sterrenberg, die auch als die »Feindlichen Brüder« bezeichnet werden. Das Marien-Wallfahrtskloster im Ortsteil Bornhofen wird jährlich von rund 200000 Pilgern besucht. Seit dem Mittelalter finden Schiffsprozessionen statt. Zu den Kunstschätzen des Klosters gehören ein Gnadenbild der Gottesmutter und ein Marmor-Hochaltar aus dem 18. Jh. - Der Naturlehrpfad Mittelrhein führt zwischen Kamp-Bornhofen und Filsen auf und durch den Rheinhang mit 12 Lehrtafeln und herrlicher Aussicht auf das Mittelrheintal.
Hotel-Restaurant Jägerhof - Zentral, aber doch ruhig im Ortsteil Kamp gelegen. Behagliche Gästezimmer mit allem Komfort. Sonnenterrasse im oberen Stockwerk mit Blick auf den Rhein. Jägerzimmer für Feiern bis zu 100 Personen. Gutbürgerliche Küche, Wild- und Fischspezialitäten. Gerichte für den kleinen Hunger und kalte Speisen. Seniorenteller. Rheinweine. Untere bis mittlere Preislage. - ÖZ: ab Ostern durchgehend; nur im Winter 14-17 Uhr geschlossen. - Kein Ruhetag.

Kamp - Osterspai - Filsen - 2½ Stdn. - Vom Hotel Jägerhof Bahnhofstraße aufwärts, rechts Kaufmannstraße, durch die Unterführung, rechts Zeilerstraße. Ab dort Markierung [RV] (Rheinhöhenverbindungsweg) zusammen mit [Gelbem RS] (Rheinsteigverbindungsweg). Links Forststraße aufwärts, links vorbei am Kamper Börnchen, bis diese in einen Waldweg übergeht, geradeaus diesem Weg folgen. An Wander-P Pfählsberg-Kamp rechts, in der Kurve mit Holzkreuz links aufwärts, in der Kurve rechts **(!)**, Wegweiser [Kestert, Lykershausen, Bornhofen], [RV] (anfangs zusammen mit [Blauem RS]), auf breitem Fahrweg immer weiter folgen, vorbei am Dodatt-Blick (Info-Tafeln zur Allee der Bäume) mit [RV] bis Wegkreuzung, mit Wegweiser [Dreispitz] rechts aufwärts (nur [Blaues RS] biegt ab) zur Bruno-Löhr-Hütte. Dort führt der Rheinhöhenverbindungsweg auf den Rheinhöhenweg, [R]. Ab der Hütte mit [R] nach links auf einem gut befestigten Weg leicht aufwärts über freies Gelände und durch den Wald, Wegweiser [Osterspai], vorbei an zwei Schranken. Hinter der zweiten Schranke beginnt am Waldrand die Teerstraße, die mit der Markierung [R] abwärts führt, vorbei an der Domäne Marienberg (Blick auf die Marksburg), einem alten Friedhof und der Florianshütte (AP und Grillplatz). Auf Teerstraße weiter abwärts, in Linkskurve mit Ruhebank hinter der Leitplanke nicht **(!)** dem [R] nach rechts folgen, sondern links mit Verlauf der Teerstraße weiter abwärts, vorbei am Hexenborn bis Osterspai. Immer geradeaus, Birkenweg bis hinter Hs. Nr. 34. Dort gehen kurz hintereinander zwei Straßen nach rechts ab. Mit der zweiten Straße (nicht erste unter Unterführung !) Richtung Schienen. Links, Gartenweg parallel zu den Schienen immer weiter geradeaus, zuerst durch Wohngebiet, dann vorbei am Obstlehrgarten Rhein-Lahn-Kreis, einem Wasserbehälter, dem Sportgelände und vielen Obstbäumen bis nach Filsen.

Gnadenbild im Kloster Bornhofen

Filsen - Naturlehrpfad Mittelrhein - Kamp - 1 Std. - In Filsen geradeaus, Oberstraße bis vor das Alte Tor/Wachport. Dort links aufwärts, Taunusstraße. Nach ca. 150 m rechts **(!)** mit Markierung [Blaues RS] auf schmalem Pfad steil aufwärts, nach Holztreppe vereint mit Naturlehrpfad Mittelrhein, der mit der Markierung [Grüne Eidechse auf

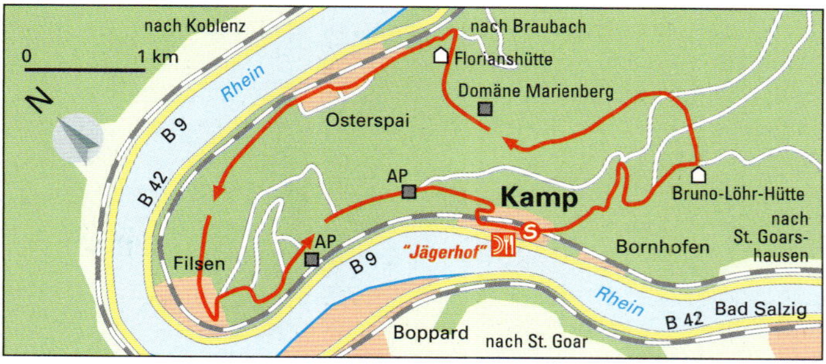

gelbem Grund] gekennzeichnet ist. Rechts weiter aufwärts in einigen Serpentinen mit vielen schönen Aussichten auf der dem Rhein zugewandten Seite, vorbei am Schwedenkreuz, an einem kleinen Kapellchen und einer Rasthütte. Unterwegs sind immer wieder Erklärungstafeln des Lehrpfades aufgestellt. Am Sendemast und bei der Tafel »Landschaftserhalt-Sukzession…« rechts abwärts, Wegweiser [Kamp 1,3 km], teilweise steil, vorbei an alten Weinbergsmauern, bis auf Teerstraße oberhalb der Bahnunterführung in Kamp. Dort endet der Naturlehrpfad und auch die Markierung [Eidechse]. Rechts, dann links durch die Unterführung, links Erzbischof-Roos-Straße, vorbei an der Kirche, geradeaus Von-der-Leyen-Straße, links Bahnhofstraße zum Hotel-Restaurant Jägerhof zur verdienten Einkehr. Später links zum Bahnhof oder nach rechts Bahnhofstraße abwärts zum Rhein und zum P.

TOUR
53

Braubach - Marksburg - Burg Liebenstein - Bornhofen - Kamp

21 km

5¾ Stdn.

Charakteristik - Schöne Streckenwanderung im UNESCO-Welterbe auf dem Rheinhöhenweg mit einigem Auf und Ab durch die Seitentäler des Rheins, dann auf den Rheinhöhen zur Burg Liebenstein. Kondition und festes Schuhwerk sind erforderlich. Der Rückweg (nicht in die angegebene Zeit eingerechnet) erfolgt per Schiff (saisonbedingt) oder Bahn. Abfahrtszeiten z. B. bei KD-Schifffahrt (Tel. 0221/2088-318) oder DB erfragen.

Anfahrt - Von Koblenz auf B 42 auf der rechten Rheinseite bis Braubach bzw. von Wiesbaden auf B 42 flussabwärts. - Bahnverbindungen von Koblenz und Wiesbaden zum Bhf. Braubach.

Parken - P an den Schiffsanlegestellen direkt am Rhein oder auf P an der Marksburg (gebührenpflichtig). Dann muss der Anfang des Weges an den Schluss gesetzt werden, d. h. man muss den Berg noch hinauf zur Marksburg!

Die Marksburg

Braubach - Marksburg - ¾ Std. - Vom P am Rhein B 42 überqueren, bzw. ab Bhf. durch Unterführung, links Marktplatz, vorbei an schönen Fachwerkhäusern, rechts Obermarktstraße, links an Fässern und Kastanienbaum vorbei durch Stadttor. Friedrichstraße, rechts Barbarastraße, Oberalleestraße, ab Obertor Brunnenstraße, hinter Hs. Nr. 22 rechts mit Wegweiser [Marksburg] auf Pfad in Serpentinen aufwärts bis Auffahrt zur Marksburg. Rechts aufwärts, am P links aufwärts bis zur

Marksburg - Benannt nach dem Markusaltar in der Burgkapelle. Einzige nie zerstörte Ritterburg des Mittelalters am Rhein. Seit 1900 Sitz der Deutschen Burgenvereinigung.

Schänke auf der Marksburg - Einzeln gelegen, mit gemütlichem Gastraum und zwei Gartenterrassen mit phantastischem Ausblick auf den Rhein. In zünftiger Atmosphäre wird vom Vesper bis zum Schlemmermenü für jeden Geschmack und Geldbeutel etwas geboten. - ÖZ: Im Sommer täglich 10-18 Uhr, im Winter täglich 11-17 Uhr. Kein Ruhetag.

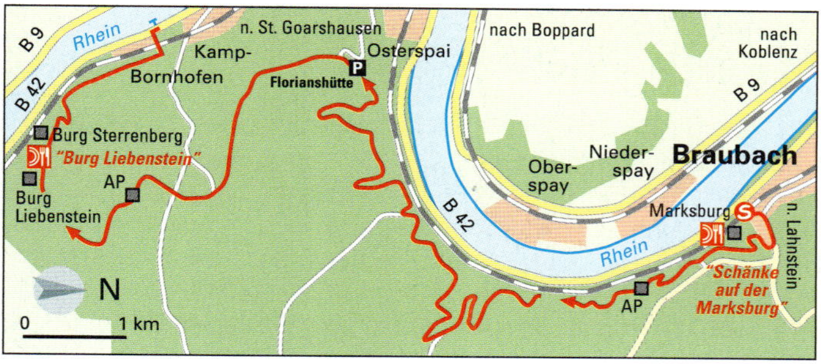

Für Gruppen ab 20 Personen nach Reservierung auch verlängerte Zeiten. Im Februar Betriebsferien.

➡ Marksburg - Burg Liebenstein - 4½ Stdn. - Von der Marksburg auf gleichem Weg zurück bis zum P, auf Zufahrtsweg abwärts bis Hs. Nr. 2, An der alten Burg. Ab dort rechts immer der Markierung [R] (Rheinhöhenweg) folgen, teilweise mit [Blauem RS] des Rheinsteigs, durch mehrere Seitentäler des Rheins: Wasenbach, Sauerborn. An der Florianshütte **(!)**: Nur [RS] biegt rechts ab! Mit [R] geradeaus und anschließend über die Rheinhöhen bis zur Burg Liebenstein oberhalb von Bornhofen.

Restaurant-Café-Hotel Burg Liebenstein - Gemütliches Familienhotel mit rustikalen Gästezimmern in der höchstgelegenen Burg am Mittelrhein. Im Turmrestaurant und in der Burgstube genießt man gutbürgerliche, deftige und feine Küche. Kuchen und Torten aus eigener Konditorei. Terrasse mit traumhaftem Blick ins Rheintal. Offene Weine. Alle Preislagen. P bei der Burg. - ÖZ: ab 8 Uhr durchgehend. - Ruhetag = Mo.

➡ Burg Liebenstein - Bornhofen - Kamp - ½ Std. - Zufahrtsstraße abwärts bis Abzweigung Burg Sterrenberg, links aufwärts, über Burggelände bis zum Ende, dort **(!)** Stufen abwärts, rechts durch Burgmauer-Bogenöffnung , in Serpentinen abwärts, [Gelbes RS, Rheinsteig] bis Bornhofen zur K 103. Links abwärts, vorbei an Pilgerhalle/Kirche. K 103 folgen, an Kiosk geradeaus, Marienstraße, vorbei an Sporthalle und Feuerwehr. Bornstraße links abwärts, Gleise unterqueren, bis B 42, rechts bis zur Bäckerei-Konditorei-Café-Hotel garni Nickenig gegenüber Schiffsanlegestellen. Mit Schiff bzw. Zug ab Bhf. (Wegweiser) zurück nach Braubach.

INFO

Der Rheinsteig

Der Rheinsteig wurde 2005 eröffnet und schon ein Jahr später zu »Deutschlands schönstem Wanderweg« gekürt. Außerdem trägt der Rheinsteig seit 2006 das Deutsche Wandersiegel als Premium-Wanderweg. Der 320 km lange Wanderweg beginnt in Bonn und führt über das Siebengebirge, um das Neuwieder Becken herum, durch Koblenz und Rüdesheim und schließlich über Schlangenbad nach Wiesbaden.

Imposante Naturerlebnisse reihen sich aneinander. Im Siebengebirge wird die Route durch idyllische Wälder und Bergtäler geprägt, während den Wanderer im Mittelrheintal steil abfallende Felspartien erwarten. Über dem Oberen Mittelrheintal, das zum UNESCO-Welterbe der Menschheit gehört, thronen majestätisch 40 Burgen, Schlösser und Festungen. Mit dem Mittelrhein und dem Rheingau durchquert der Rheinsteig zudem zwei bestens etablierte Weinbaugebiete. Von zahlreichen Aussichtspunkten eröffnen sich herrliche Ausblicke auf die Berglandschaften von Westerwald und Taunus.

Die ausgezeichnete Infrastruktur ermöglicht eine vielfältige Tourenplanung - von der gemütlichen Tagestour bis zur Mehrtageswanderung mit Gepäcktransfer. Durch die Rheinschifffahrt und ein gut ausgebautes Netz an Bahnhöfen, Buslinien und Wanderparkplätzen ergeben sich zahlreiche Kombinationsmöglichkeiten. Der Rheinsteig ist hervorragend markiert mit einem [Stilisierten weißen R auf blauem Grund] und dem blauen Schriftzug »Rheinsteig«. Die Verbindungswege zu Ortschaften und Bahnhöfen sind mit einem entsprechenden, in Ockergelb gehaltenen Schild gekennzeichnet. An über 500 Standorten nennen Wegweiser den jeweiligen Standort sowie die Entfernungen zu Nah- und Fernzielen, Sehenswürdigkeiten sowie Bahnhöfen, Schiffsanlegestellen etc. Darüber hinaus ist der Rheinsteig mit anderen Wanderwegen wie dem Rheinhöhenweg, dem Limes-Wanderweg, dem Rheinburgenwanderweg, dem Gebückwanderweg, dem Rhein-Panorama-Weg, dem Rheingauer Rieslingpfad sowie örtlichen Lehrpfaden vernetzt.

Der Rheinsteig zwischen Kaub und St. Goarshausen mit Blick auf Oberwesel

Ambitionierte Wanderer können an 32 Stempelstellen Nachweise in ihrem Stempelheft sammeln und erhalten dafür eine Schiffstour mit der Köln-Düsseldorfer Linie.

Weitere Informationen - Rheinsteig-Büro, c/o Rheinland-Pfalz Tourismus GmbH, Löhrstr. 103-105, 56068 Koblenz, Tel. 01805/64 83 28 (14 ct./Min. aus dem Festnetz der Deutschen Telekom), Mobilfunkpreise können abweichen), Fax: 0261/915 20 40, E-Mail: info@rheinsteig.de, Internet: www.rheinsteig.de

N
0
20 km
Siegburg
Bonn
Sieg
Godesburg
Bad Godesberg
Sieben-
gebirge
Königswinter
Ruine Drachenfels
Bad Honnef
321 m
Drachenfels
Remagen
Unkel
Sinzig
Linz
Ahr
Unteres Mittelrheintal
Nordrhein-
Westfalen
Bad Breisig
Bad Hönningen
Rheinbrohl
Schloss Schweppenburg
Ruine Hammerstein
Andernach
Leutesdorf
Westerwald
Eifel
Rengsdorf
Rhein
Schloss Sayn
Bendorf
Vallendar
Koblenz
Mosel
Festung Ehrenbreitstein
Burg Lahneck
Rhens
Lahnstein
Vierseenblick
Boppard
Braubach
Marksburg
Lahn
Bad Salzig
Kamp-Bornhofen
Limburg
Hunsrück
Kestert
Burg Maus
Burg Katz
Rheinland-Pfalz
Taunus
St. Goar
St. Goarshausen
Loreley
Oberes Mittelrheintal
(UNESCO Welterbe)
Oberwesel
Burg Gutenfels
Die Pfalz
Kaub
Bacharach
Rheingau
Schloss Fürstenberg
Lorch
Rheingaugebirge
Burg Hohneck
Schlangenbad
Assmannshausen
Burg Rheinstein
Kiedrich
Rüdesheim
Bingen
Oestrich-Winkel
Geisenheim
Eltville
Ingelheim
Wiesbaden
Rheinhessen
Mainz
Rhein
Nahe

INFO

Der Rheinhöhenweg

Die Rheinhöhenwege zu beiden Seiten des Flusses führen den Wanderer auf einer Gesamtlänge von über 500 km an den Höhen des Rheintales entlang.
Der ca. 240 km lange linksrheinische Rheinhöhenweg beginnt im südlich von Mainz gelegenen Alsheim, von wo er zum Venusberg in Bonn führt. Auf dem rechtsrheinischen Rheinhöhenweg kann man auf einer Länge von ca. 272 Kilometern vom Wiesbadener Kurpark bis nach Bonn-Beuel wandern.
Die Rheinhöhenwege sind markiert mit einem [Weißen R auf schwarzem Grund]. Verbindungswege, gekennzeichnet mit [RV], führen den Wanderer von den Bahnstationen der Rheinorte hinauf zum Hauptweg.
Die Region blickt auf eine lange Geschichte zurück - schon die Römer führten ungefähr im Jahr 50 v. Chr. den Weinbau ein - und dementsprechend viele historische Bauwerke gibt es zu bewundern. Von den über 40 Burgen und Schlössern bieten sich faszinierende Ausblicke ins Tal - zu den bekanntesten und sehenswertesten Anlagen gehören die Burgen Katz und Maus bei St. Goarshausen und Burg Rheinstein. Zu Besichtigungstouren laden auch die Rheinorte ein, beispielsweise Rüdesheim (s. S. 126) oder das gegenüber liegende Bingen, Kamp-Bornhofen mit den beiden Burganlagen Liebenstein und Sterrenberg und Boppard an der größten Schleife des Rheins. In den Städten und Dörfern kann man alljährlich stimmungsvolle Weinfeste und andere Veranstaltungen erleben, zum Beispiel wenn Feuerwerk, bengalisches Feuer und farbenprächtig beleuchtete Schiffe den »Rhein in Flammen« tauchen.
Weitere Informationen - Romantischer Rhein Tourismus GmbH, Loreley Besucherzentrum, 56346 St. Goarshausen, Tel. 06771/959380, Fax: 06771/599094, E-Mail: info@romantischer-rhein.de, Internet: www.romantischer-rhein.de

Blick auf die größte Rheinschleife bei Boppard

INFO

Der RheinBurgenWeg

Ein unvergessliches Wander-Erlebnis sowohl für Naturliebhaber als auch für Kulturinteressierte ist eine Tour auf dem RheinBurgenWeg. Die linksrheinische Route führt von Bingen nach Bad Breisig, während die rechtsrheinische Strecke von Rüdesheim nach Bad Hönningen überwiegend dem Verlauf des Rheinsteigs folgt. Kernstück und Glanzpunkt ist der ca. 220 km lange Abschnitt im Oberen Mittelrheintal, das seit 2002 zum UNESCO-Weltkulturerbe gehört. Der RheinBurgenWeg ist markiert mit einem [Zinnenbekrönten stilisierten roten R auf weißem Grund], auf den Wegweisern der Verbindungswege ist das Emblem in Gelb gehalten.
Auf einer Gesamtstrecke von 372 Kilometern zeigt der Fernwanderweg die ganze Schönheit der Mittelgebirgslandschaft mit dem eindrucksvollen Flusstal, aber auch die kulturellen und architektonischen Schätze der Region. Darüber hinaus zeichnet sich die Route durch ihren abwechslungsreichen Verlauf aus: Kühne Passagen entlang der Hangkante wechseln sich ab mit Abschnitten durch idyllische Wiesen, Wälder und Bachtäler. Auch sehenswerte (Wein-)Orte werden durchstreift und laden zum Abschluss eines Wandertages in ihren Weinstuben, Gasthöfen und Hotels zu einem angenehmen Aufenthalt ein. Schwindelfreie Wanderer können alternativ zum Hauptweg an zwei Stellen (bei Boppard und am Oelsbergsteig bei Oberwesel) auf Klettersteige ausweichen. Die Ausblicke von den zahlreichen Aussichtspunkten, wie beispielsweise vom »Vier-Seen-Blick« bei Boppard, vom Loreleyblick Urbar oder vom »Sieben-Jungfrauen-Blick« bei Oberwesel, belohnen für alle Anstrengungen. Die gesamte Strecke kann in 20 Tagesetappen von je 12-25 Kilometern bewältigt werden. Außerdem können Wanderpauschalen mit Gepäcktransfer oder geführte Wanderungen gebucht werden. Eine individuelle Routenplanung, auch für attraktive Rundwege und Tageswanderungen, ist möglich durch die hervorragende Anbindung an öffentliche Verkehrs-

Die hoch über dem Rhein thronende Burg Rheinstein

mittel. Neben Bahn- und Busverbindungen kann man die Rheinschifffahrt nutzen. Fähren zwischen Bingen und Rüdesheim, Lorch und Niederheimbach, Kaub und Oberwesel, St. Goar und St. Goarshausen sowie Filsen und Boppard ermöglichen einen Wechsel zwischen dem links- und rechtsrheinischen RheinBurgenWeg. Sessellifte in Koblenz-Ehrenbreitstein, Boppard, Assmannshausen und Rüdesheim sowie Touristikbähnchen von Braubach zur Marksburg und von St. Goar zur Burg Rheinfels erleichtern den Aufstieg.

Eine Tour auf dem RheinBurgenWeg ist gleichzeitig eine Reise durch über 3000 Jahre Geschichte. Aus prähistorischer Zeit erzählen beispielsweise die Befestigungsanlagen am Dicktberg bei Brohl, auf dem Dommelsberg bei Koblenz und auf dem Hühnerberg bei St. Goarshausen. Die Reste des Limes, zum Beispiel die Kastellmauer von Boppard, und die gut erhaltene Römerstraße oberhalb von Bacharach, zeugen von der Epoche der Römer und wurden im Jahre 2002 ebenfalls in die Welterbeliste der UNESCO aufgenommen. Herausragendes Merkmal sind natürlich die insgesamt 47 Schlösser, Burgen, Burgruinen und Festungen, die der RheinBurgenWeg passiert. Die Anlagen entstanden einst zur Sicherung des Herrschaftsgebietes und als Zollstationen, von denen der Verkehr und der Handel auf dem Rhein überwacht wurden. In kriegerischen Auseinandersetzungen wurden viele Anlagen zerstört, doch die Ruinen dienten den Romantikern im 19. Jahrhundert als Motiv in Gemälden, Gedichten und Liedern. Zahlreiche Burgen wie die Feste Rheinfels über St. Goar und die Feste Ehrenbreitstein in Koblenz wurden in der Neuzeit wieder aufgebaut und mit der Marksburg in Braubach existiert sogar die einzige nie zerstörte Höhenburg am Mittelrhein aus dem 13.-15. Jahrhundert. Viele Burgen und Schlösser können besichtigt werden und dokumentieren in ihren Räumlichkeiten das einstige höfische Leben, den entbehrungsreichen Alltag im Mittelalter und die Entwicklung der Wohnkultur im Laufe der Jahrhunderte. Von den häufig auf steilen Felsspornen thronenden Burgen und Schlössern eröffnen sich herrliche Ausblicke über den Rhein. Ein Burgenticket bietet vergünstigte Eintrittspreise für mehrere Burgen. Nicht versäumen sollte man auch die Sehenswürdigkeiten, die die Natur bietet. In Andernach-Namedy schießt der höchste Kaltwasser-Geysir der Welt von Kohlensäure getrieben bis zu 60 m in die Höhe. Und wo der Sage nach eine singende Schönheit die Schiffsleute ins Verderben riss, thront heute der Loreleyfelsen über einer der engsten Stellen des Rheintals.

Festung Ehrenbreitstein

Weitere Informationen - Rhein-Touristik Tal der Loreley, Loreley Besucherzentrum, 56346 St. Goarshausen, Tel: 06771/599093, Fax: 06771/599094, E-Mail: info@tal-der-loreley.de, Internet: www.tal-der-loreley.de

Becheln - Viadukt - Becheln

TOUR **54**

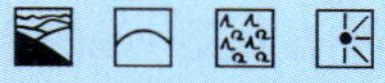

Charakteristik - Lohnender kleiner Rundwanderweg, beginnend bei einem schön gelegenen Ort auf den Taunushöhen, über eine ehemalige Kleinbahntrasse, durch ein romantisches Tal an einem kleinen Viadukt vorbei zurück zum Ausgangspunkt.
Anfahrt und Parken - Vom Rhein aus: B 42 bis Braubach, L 327 am Forsthaus rechts nach Becheln, durch den Ort hindurch, am Ende links bergauf zum Friedhofsparkplatz. - Aus Richtung Bad Ems: B 260 auf L 327 bis Forsthaus, dort links (dann wie oben). - Aus Richtung Wiesbaden/Bad Schwalbach: B 260 durch Singhofen nach Scheuern, links ab auf L 332, über Schweighausen auf L 333, vor dem Ortseingang von Becheln liegt der Friedhofsparkplatz.

8 km

2¼ Stdn.

Der Rundweg - Vom Friedhofs-P auf der Emser Straße (rechts Neubaugebiet) nach Becheln hinein; erste Straße links Auf dem Klopp wieder aus dem Ort, [Weißer Pfeil auf blauem Grund, Lokomotive], links auf Teerweg bis zum Ende des Teerbelags. Schöner Ausblick! Dann links abwärts bis zum Querweg, in den Wald hinein auf der ehem. Trasse der Nassauer Kleinbahn, [NKB] bzw. [Lokomotive]. Vorbei an einigen Hinweisschildern und Infotafeln mit Bildern immer leicht abwärts auf der gut zu erkennenden und verwilderten Trasse bis zur Wegkreuzung. Hier nicht **(!)** Richtung Becheln, sondern links halten, weiter abwärts auf verwildertem Trassendamm zum kleinen Viadukt, welches über einen Bach führt. Hinter dem Viadukt rechts abwärts auf einem mit einem Seil gesicherten Trampelpfad bis zum Bachweg. Dort links aufwärts am Bach entlang durch den Wald bis zu einer Wegspinne. Jetzt das Bachtal verlassen und leicht links an einem anderen kleinen Bach entlang weiter aufwärts auf teils verwildertem Weg an Koppeln vorbei zu einem geteerten Querweg. Jetzt rechts auf Teerweg zurück nach Becheln. Entweder durch den Ort oder unterhalb von Becheln zurück zum P am Friedhof.

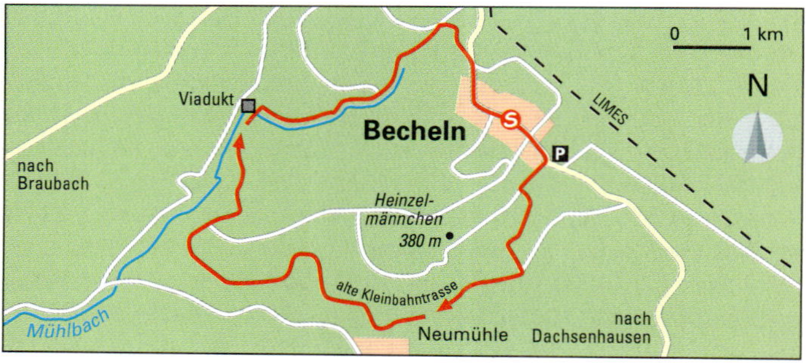

Das Lahntal - Der stille Traum der Natur

Das Lahntal gehört zweifelsohne zu den romantischsten deutschen Flusstälern. Auf ihrem 242 km langen Weg durchquert die Lahn die Bundesländer Nordrhein-Westfalen, Hessen und Rheinland-Pfalz in zahlreichen Windungen - Quelle und Mündung sind Luftlinie dagegen nur 80 km entfernt! Der Fluss entspringt im Rothaargebirge und windet sich dann durch das Wittgensteiner Bergland. Hier erreicht die Lahn Bad Laasphe, dessen historische Altstadt von sehenswerten Fachwerkhäusern und dem Stammschloss Wittgenstein geprägt wird. Moderne Kureinrichtungen und Spezialkliniken ermöglichen einen erholsamen Aufenthalt. Mit einem mittelalterlichen Ortskern besticht Hessens waldreichste Stadt, Biedenkopf. Am rechten Ufer folgt mit dem Naturpark Lahn-Dill-Bergland bald eine der schönsten Mittelgebirgslandschaften. Das Kneipp-Heilbad Bad Endbach ist nicht nur für Kurgäste, sondern auch für Wanderer ein attraktives Ziel. Schon die Gebrüder Grimm waren vom Burgwald fasziniert - kein Wunder, dass das Gebiet auch in ihrer Märchensammlung einen Platz gefunden hat! Eingebettet in eine herrliche Landschaft kann man hier malerische mittelalterliche Städtchen erkunden. Marburg besitzt eine der traditionsreichsten Universitäten Deutschlands und auch die vielen historischen Sehenswürdigkeiten sollte man sich nicht entgehen lassen. Ein Abstecher lohnt sich in das Lumdatal mit den Orten Rabenau, Allendorf, Staufenberg und Lollar. Idyllische Buchenmischwälder und Wiesentäler prägen das Gleiberger Land. Aus der Keltenzeit erzählen freigelegte Ringwälle rund um den Dünsberg und zahlreiche Waffenfunde. In der Universitätsstadt Gießen wirkte fast dreißig Jahre lang der Chemiker Justus Liebig. Heute können große und kleine Wissenschaftler im Museum »Mathematikum« Mathematik zum Anfassen erleben. Auf Goethes Spuren wandelt man in der alten Reichsstadt Wetzlar. Sein Aufenthalt in Wetzlar, an den viele Museen und Gedenkstätten erinnern, inspirierte den deutschen Dichterfürsten zu seinem Briefroman »Die Leiden des jungen Werther«. Hinter Wetzlar beginnt das Solmser Land. Sehenswert sind die Städtchen Leun und Solms sowie das Besucherbergwerk »Grube Fortuna«, in dem man, geführt von ehemaligen Bergleuten, den Alltag unter Tage nachempfinden kann. Hoch über dem Luftkurort Braunfels thront majestätisch das gleichnamige Schloss. In der Altstadt rund um den historischen Marktplatz sind viele aufwändig sanierte Fachwerkhäuser zu bewundern. Entlang der Romantischen Mittellahn erreicht man Selters, das für seine Mineralquellen weltberühmt ist. In der barocken Residenzstadt Weilburg sollte man unbedingt das beeindruckende Schloss besuchen. Im Schlossgarten kann man alljährlich den »Weilburger Schlosskonzerten« lauschen. Außerdem bietet Weilburg mit Deutschlands einzigem Schiffstunnel ein besonderes Erlebnis für Wasserwanderer! Bis heute bewohnt ist die Burg des malerischen Städtchens Runkel. Von hier ist auch schon der markante, siebentürmige Dom zu Limburg sichtbar. An den verwinkelten Altstadtgässchen reihen sich geschmackvoll restaurierte Fachwerkhäuser aneinander. Die

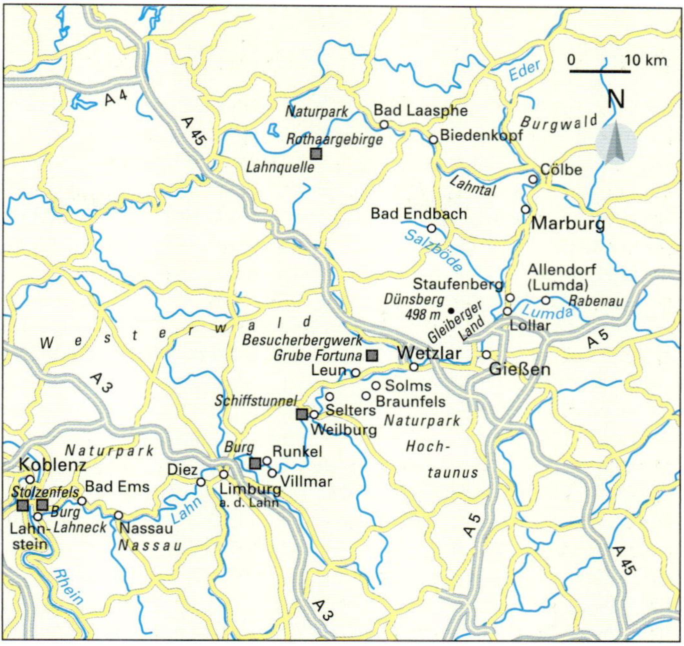

Lahn passiert nun steile, helle Kalkfelsen und fließt weiter in die Schloss- und Garnisonsstadt Diez. Das prächtige Barockschloss Oranienstein ist der Stammsitz der Oranier. Der weitere Flusslauf wird geprägt durch dunkle Wälder und majestätische Burgen und Schlösser, aber auch durch Deutschlands kleinstes Weinbaugebiet, in dem der Lahnwein erzeugt wird. In Nassau mit seiner imposanten Burg wurde einst der Freiherr vom und zum Stein geboren. Bald darauf erreicht man mit Bad Ems einen der wichtigsten Kurorte Deutschlands. Schließlich mündet die Lahn in Lahnstein in den Rhein.

Der Lahnhöhenweg - Eine besonders reizvolle Art das Lahntal zu erleben ist eine Wanderung auf dem Lahnhöhenweg. Bis Wetzlar ist der Weg mit einem [Weißen L auf schwarzem Grund] markiert. Ab Wetzlar kann man wählen zwischen der westerwaldseitigen Route, auf der sich diese Markierung fortsetzt, und der taunusseitigen Strecke, die mit einem [Schwarzen L auf weißem Grund] markiert ist. Besonders reizvoll ist der ca. 9 km lange Abschnitt von Villmar über Runkel nach Eschhofen, auf dem der Lahnhöhenweg beinahe alpin anmutet. Neben imposanten Ausblicken über die Flusslandschaft erlebt man entlang des Weges Brücken aus echtem Marmor, eine historische Schleuse, zwei Burgen und schmucke Fachwerkhäuser.

Weitere Wanderwege im Lahntal - Der 86 km lange Lahn-Dill-Bergland-Pfad führt in mehreren Tagesetappen zu den landschaftlichen Highlights, kulturellen Sehenswürdigkeiten und schönsten Aussichtspunkten der Region und wurde mit dem Deutschen Wandersiegel prämiert. Bahnverbindungen sowie die Anbindung an andere Wanderwege (Rothaarsteig/Dillenburg, Westerwaldsteig/Herborn, Burgwaldpfad und Elisabethpfade/Marburg) ermöglichen eine individuelle Tourenzusammenstellung, beispielsweise als Tages(rund)wanderung. - Zu einer Reise durch die Geschichte in der herrlichen Umgebung des Burgwaldes lädt der Burgwaldpfad von Marburg nach Frankenberg ein. Auf 50 Kilometern kann man auf interessante Entdeckungstouren gehen, z. B. zum nach dem Illustrator der Grimm'schen Märchen benannten Ubbelohde-Haus, zur Burgruine Mellnau, der ehemaligen Keltenanlage am Christenberg und der St. Martinskirche aus dem 10. Jh. Das engmaschige und gut markierte Wanderwegenetz und die Burgwaldbahn mit ihren vielen Haltepunkten bieten die Möglichkeit zur Erweiterung und Variation der Hauptroute. - Der 17 km lange Viertälerweg umrundet das Kneipp-Heilbad Bad Endbach (Markierung E 6) und trägt das Premiumsiegel des Deutschen Wanderinstitutes. Rund um Bad Endbach erstreckt sich darüber hinaus ein Wanderwegenetz von über 250 km Länge. Auf Wunsch können geführte Wanderungen mit Erläuterungen zu Flora, Fauna, Geologie und Geschichte des Lahn-Dill-Berglandes gebucht werden. - Drei verschiedene Elisabethpfade führen zu den Wirkungsstätten der Heiligen - Ausgangspunkt bzw. Ziel ist jeweils die Elisabethkirche in Marburg - und sind außerdem an die europäischen Jakobswege angebunden. - Zwischen Marburg und Gießen mündet die Salzböde in die Lahn. Auch in dieses idyllische, von teils steilen Waldbergen gesäumte Seitental lohnt sich ein Abstecher. Während der Talpfad durch die Flussauen verläuft, genießt man vom Salzbödebergpfad, der auf 40 Kilometern eine Höhendifferenz von 860 m überwindet, herrliche Ausblicke und wandert durch stille Wälder und malerische Täler. - Ebenfalls in die Seitentäler der Lahn (Mühlbach-, Dörsbach- und Gelbachtal) führt die Nassauer Vier-Täler-Tour. Der 26,5 km lange Rundweg verläuft durch Schluchtwälder und entlang romantischer Bachläufe; der Einstieg ist in mehreren Ortschaften möglich.

Wasserwandern auf der Lahn - Aus nächster Nähe kann man die naturnahen Ufer der Lahn mit ihrer vielfältigen Tier- und Pflanzenwelt auf einer Kanutour erleben. Zahlreiche Schleusen machen die Fahrt zu einem kleinen Abenteuer. Eine Auflistung der Ein- und Ausstiegsstellen, Rast- und Campingplätze, Unterkünfte sowie Anbieter von geführten Touren etc. ist beim Lahntal Tourismus Verband erhältlich. Ab Limburg ist die Lahn auch mit Motorbooten befahrbar.

Radwandern an der Lahn - Von der Quelle bis zur Mündung kann man auf dem hervorragend ausgebauten, 245 km langen Lahntalradweg fast immer direkt am Wasser entlang fahren. Die überwiegend asphaltierten und größtenteils autofreien Wege führen durch die meist ebene Flusslandschaft und erschließen auch die Seitentäler der Lahn. Es gibt mehrere lokale Anbieter für Radwanderungen mit Gepäcktransfer und Fahrradvermietung.

Weitere Informationen - Lahntal Tourismus Verband e. V., Brückenstr. 2, 35576 Wetzlar, Tel: 07000/5246825 (12 ct./Min.), Fax: 0721/151298296, E-Mail: info@daslahntal.de, Internet: www.daslahntal.de

TOUR 55

17 km

4 ½ Stdn.

Nassau - Bubenborn - Singhofen - Mühlbachtal - Nassau

Charakteristik - Der reizvolle Rundweg führt aus dem Lahntal zu den Lahnhöhen. Während des schattigen Aufstiegs genießt man einen herrlichen Rundblick über Nassau und Umgebung. Über eine Hochfläche geht es zu einer schön gelegenen Ortschaft und dann durch romantische Bachtäler, an moosbewachsenen Hängen vorbei im Mühlbachtal zurück nach Nassau. Die Markierungen [N 12] beziehungsweise [N 2] und [L] sind teilweise etwas versteckt.
Anfahrt - Aus Richtung Koblenz B 42 bis Lahnstein, B 260 Lahntal aufwärts bis Nassau-Stadtmitte. - Aus Richtung Frankfurt/Mainz/ Wiesbaden B 42/B 260 Richtung Schlangenbad - Martinsthal - Singhofen - Nassau. - Bahnhof Nassau (Lahn).
Parken - Beim Restaurant Zur Stadthalle oder an der Pension Lahnblick (bei Übernachtung dort eigener P).

Nassau - 915 als »Villa Nassova« erstmals urkundlich erwähnt, erhielt Nassau 1348 durch Kaiser Karl IV. die Stadtrechte. Der staatlich anerkannte Luftkurort hat ca. 5300 Einwohner. Die schmucke Altstadt mit Resten der Stadtmauer wurde aufwändig saniert. Sehenswert ist das Stein'sche Schloss, in dem 1757 der preußische Staatsmann und Reformer Heinrich Friedrich Carl vom und zum Stein geboren wurde. Die Stammburg Nassau, von der der Name »Nassau« in alle Welt bis zu den Bahamas getragen wurde, thront über der Stadt. Das Kloster Arnstein bei Obernhof ist eine viel besuchte Pilgerstätte im Nassauer Land.
Pension Lahnblick - Kleine Privatpension mit traumhaftem Blick über die Stadt Nassau und das Lahntal und behaglichen Gästezimmern. Im Sommer kann der romantische Garten mitbenutzt werden. Direkte Anbindung an viele gut ausgeschilderte regionale Rad- und Wanderwe-

ge. Reichhaltiges Frühstück. Gemütlicher Aufenthaltsraum. Kleiner P am Haus, Fahrradgarage. Alle Gäste sind automatisch VIP-Gäste im Restaurant »Zur Stadthalle«. - Kein Ruhetag.

Restaurant Zur Stadthalle - Zentral gelegenes, sehr gemütliches Restaurant mit großer Sonnenterrasse und Blick auf Burg und Altstadt. Fein bürgerliche, auch gehobenen Ansprüchen genügende Küche mit regionalen und saisonalen Spezialitäten und Angeboten, auch vegetarische Gerichte, Vesper und Kleinigkeiten, für jeden Geldbeutel etwas. Wandergruppen willkommen, nach Voranmeldung besondere ÖZ! Zusätzlich zum Restaurant Räumlichkeiten für 30, 70 und bis 300 Personen. P und Bus-P in der Nähe. - Von Oktober bis April Ruhetag = Dienstag, von Mai bis September kein Ruhetag.

Nassau - Bubenborn - Singhofen - 2 ¼ Stdn. - Vom Restaurant Zur Stadthalle abwärts Richtung Kettenbrücke. Diese überqueren, links B 260 (Bezirksstraße) aufwärts bis Kreuzung Am Burgberg/B 260/Gutenauer Weg oder direkt von der Pension Lahnblick aus (an dieser Kreuzung liegend) in den Gutenauer Weg abbiegen, Wegweiser [Obernhof/Kloster Arnstein]. Nach einem kurzen Stück abwärts gehend, den 1. Weg rechts aufwärts in den Wald nehmen, [ohne Markierung] **(!)**. An Gabelung rechter Weg weiter aufwärts, in Rechtskurve rechts an zwei Betonstufen aufwärts, [N 12/N 13], weiter durch Wald, dann über drei Betonstufen links mit [N 12] aufwärts. Weiter oben schöner Blick auf Nassau. Rechts zwei Betonstufen weiter aufwärts am Sendemast vorbei zur 2007 erneuerten Schutzhütte, die einen schönen Rundblick auf Nassau, Lahn und Burg Nassau bietet. Von dort aufwärts direkt am Sendemast vorbei geradeaus dem Weg folgen über freies Gelände bis zum Waldrand. Dort rechts auf breitem gut befestigtem Weg bis zum ND Mal-Eiche, [S 8]. Links durch den Wald bis kurz vor B 260. Parallel zur B 260 kurzes Stück leicht aufwärts bis zum Hof Bubenborn. Zum Hof hin, kurz davor links vorbei bis Querweg, dort rechts aufwärts. Auf der geteerten Straße vorbei an kleinem Reiterhof (links), bei Linkskurve rechts ab auf Feldweg, abwärts Richtung Kieswerk bis zum Talgrund, über kleinen Bach zwischen Pferdekoppeln Richtung Jägerstand. Weg unterhalb des Kieswerkes nehmen (bei feuchter Witterung etwas matschig!) bis zum Regensammelbecken. Dort geradeaus auf Wiesenweg [ohne Markie-

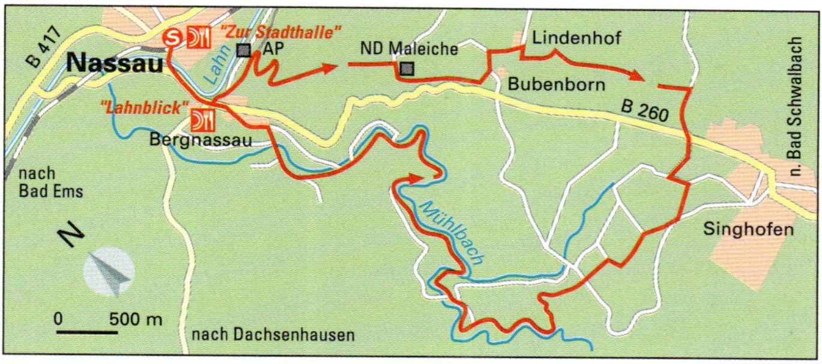

rung] aufwärts. Am Horizont ist links ein großer Reiterhof zu sehen, weiter geradeaus bis zum Auftreffen auf eine quer verlaufende Teerstraße. Dort rechts auf der Straße vorbei an Nussbäumen in Richtung Wasserwerk zum Kreisel (B 260). Den Kreisel links überquerend, geradeaus in Schmitzstraße einbiegen. Am kleinen See rechts, schöner Rundblick über Singhofen, Oberwies und Umgebung, dann abwärts, an Gabelung links Richtung Singhofen. Nächster Feldweg rechts abwärts bis zur Teerstraße und dort wieder rechts aufwärts (Singhofen im Rücken).

Singhofen - Mühlbachtal - Nassau - 2 ¼ Stdn. - Der Teerstraße aus Richtung Singhofen kommend weiter folgen bis zur sechsten Weggabelung mit junger Birke und Ruhebank, dort links abbiegen zum Wald hin, [S 2]. Am Wald entlang, rechts halten, am Jägersitz vorbei der Markierung [S 2] folgend in den Wald hinein. Nach kurzer Wegstrecke im Wald, durch schönen Buchenwald gehend leicht abwärts bis zur Weggabelung, rechts der Markierung [S 2] folgen Richtung Altenburg. Nach ca. 500 m nicht **(!)** der Markierung [S 2] folgen sondern geradeaus etwa 250 m weiter auf dem Weg bleiben. An der Rechtskurve dann den Weg verlassen und links in einen kleinen Pfad einbiegen, an Jägerstand vorbei zum Berghang hin, dort links entlang aufwärts mit sehr schönem Talblick bis zur Bergkuppe. Man trifft dort wieder auf die Markierung [S 2]. Nach rechts abwärts zur Bank (weiterer schöner AP), auf kleinem Pfad der Markierung [S 2] folgen, zunächst am Berg entlang, dann abwärts durch herrliche, mit Moos und Flechten bewachsen Hänge fast bis ins Mühlbachtal. Man stößt auf einen Querweg mit der Markierung [L] sowie [Blaues Rechteck auf weißem Grund]. Rechts dem neuen Weg folgen, an Felsen vorbei über einen kleinen Bergsattel zum Bach hin. Immer dem Bachlauf folgen. An Weggabelung [L/S 2] nicht **(!)** bergauf der Markierung [S 2] folgen, sondern weiter im Mühlbachtal bleiben, Markierung [L]. An einer ersten Brücke und einem kleinen Schutzhaus vorbei über eine Wiese und anschließend über eine Metallbrücke hinweg immer linker Hand dem Mühlbach folgen. Auch hier teilweise sehr schöne Mooshänge. An mehreren Fischteichen vorbei bis Alte Hühnerfarm. Dort ist der Weg geteert, geradeaus über die Brücke bis zur nächsten Querstraße. Dort links bis zur B 260, dann links abwärts zur Kreuzung Am Burgberg/B 260/Gutenauer Weg (Pension Lahnblick). Von dort gegebenenfalls wieder abwärts bis zur Kettenbrücke, rechts über Lahn und Schienen zum Marktplatz und zurück zum Restaurant Zur Stadthalle.

TOUR
56

Schadeck - Runkel - Villmar - Runkel - Schadeck

Charakteristik - Ein schöner Rundweg mit einigen kurzen, aber steilen An- und Abstiegen. Auf befestigten Wirtschaftswegen geht es entlang der Lahn, der Lahnhöhenweg verläuft auf unbefestigten Wald- und Wiesenwegen und bietet einige schöne Ausblicke.
Anfahrt - A 3 Köln - Frankfurt, Ausfahrt Limburg-Nord, B 49/B 54 Richtung Siegen/Gießen bis zur Abfahrt Dehrn/Runkel, weiter bis Schadeck. - Vom Bahnhof Runkel ca. 800 m zum Ristorante Amalfi.
Parken - Gäste-P Ristorante Amalfi.

12 km

3¼ Stdn.

Schadeck - Villmar - 1 ¼ Stdn. - Vom P Ristorante Amalfi die Schadecker Straße rechts aufwärts, links in die Oberstraße, nach 600 m weiter auf die Mittelstraße. Schöner Blick auf die Burg Runkel. Nächste Abzweigung links abwärts zu den Schadecker Treppen (Vorsicht, kein Winterdienst). Die Schadecker Treppen abwärts bis zur Bahn, links bis zur Bahnschranke, rechts Bahn überqueren, links bis Schadecker Straße. Hier links, vor der Bahnlinie rechts in die Bahnhofstraße, vorbei am Bahnhof Runkel. Die Bahnhofstraße mündet in einen geteerten Weg zur Lahn, [Radwanderweg R 7]. Links sehr markante, steile Felsen. Rechts über der Lahn, auf einem Felsvorsprung, steht das König-Konrad-Denkmal. Weiter geradeaus, vorbei an der Schleuse Villmar bis zur einzigen Marmorbrücke Deutschlands. Die Lahnbrücke wurde 1895/95 erbaut und 1994/95 saniert. Die Besichtigung des ganz in der Nähe befindlichen Marmorwerkes Villmar ist möglich.
Villmar - Schadeck - 2 Stdn. - Brücke überqueren und Straße Am Lahnufer geradeaus. Kurz hinter der Gaststätte »Zur Reichspost« halb links über Treppenweg aufwärts, entlang der Friedhofsmauer bis zur Burgstraße. Am Ende der Burgstraße, dort wo die Zehntenstraße beginnt, rechts leicht abwärts. Straße überqueren und geradeaus in die Straße Am Kissel. Nächste Querstraße rechts, dann links, erst leicht aufwärts, dann ein kleines Stück steil aufwärts. Auf der Höhe nach rechts, Markierung [Schwarzes L] für Lahnhöhenweg. Über Wiesenweg, später über Trampelpfad durch den Wald, immer [Schwarzem L] folgen. Auf einer Lichtung im Wald rechts ein Marmorkreuz mit Ruhebänken und schöner Aussicht. Der Trampelpfad (Vorsicht, bei Nässe Rutschgefahr) mündet beim König-Konrad-Denkmal in die Landstraße, dieser nach links folgen. Nach einem kurzen Stück Landstraße geradeaus in einen geteerten Wirtschaftsweg. Nach ca. 50m rechts Wiesenweg am Waldrand, Markierung [Schwarzes L] folgen. Rechts **(!)** in den Waldweg einbiegen, leicht abwärts, später über Trampelpfad serpentinenartig aufwärts wieder zum Waldrand. Hier nach rechts am Waldrand über unbe-

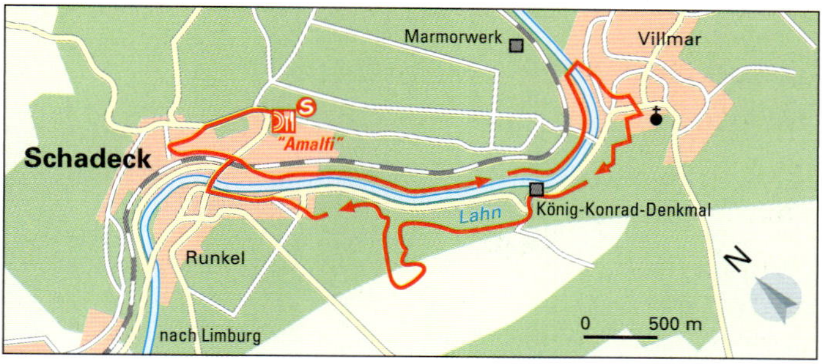

festigten Wiesenweg weiter, [Schwarzes L]. Der Wiesenweg mündet am Waldende in einen geteerten Wirtschaftsweg. Rechts befindet sich eine Gedenkstätte. Geradeaus bis zum Ellersweiher Weg, ein kurzes Stück links aufwärts, dann rechts weiter über Ellersweiher Weg, [Schwarzes L], leicht abwärts. Schöner Blick auf Burg Runkel und Burg Schadeck. Wo die Teerstraße rechts abbiegt, geradeaus auf weichen Wiesenweg, nach wenigen Metern Waldpfad, [Schwarzes L]. Ab Hs. Nr. 19 befestigter Weg bis zur Einmündung Niederbrecher Weg. Hier [ohne Markierung] rechts abwärts. Bei Einmündung Obertorstraße geradeaus Richtung Steeden, weiter entlang der Steedener Straße, auf der Brücke über die Lahn und über die Bahnlinie, [Radwanderweg R 7]. Am Ende der Brücke befestigter Fußweg, diesen aufwärts, auf der Schadecker Straße L 3020 ca. 300 m rechts, zurück zum

Ristorante Amalfi - Ruhig am Ortsrand gelegenes, 2005 neu erbautes Restaurant mit modernem Ambiente und schöner Sonnenterrasse. Der gemütliche, stilvoll eingerichtete Gastraum mit familiärer Atmosphäre hat mediterranen Charakter. Neben frischen Gerichten der italienischen Küche von Vorspeisen, Hauptgerichten bis hin zum Dessert gibt es auch Rumpsteak, Lamm und Fisch sowie eine Auswahl aus über 40 italienischen Weinen. Mittlere Preislage. - ÖZ: Von April bis August täglich 11.30-14.30 und 17.30-23 Uhr. Von September bis März Di., Mi., Do., Fr., Sa., So. 11.30-14.30 und 17.30-23 Uhr. Ruhetag = Mo. Für Gruppen ab 15 Personen nach Voranmeldung ist das Restaurant auch in den Ruhezeiten geöffnet.

TOUR
57

Laubuseschbach - Rohnstadt - Weilmünster - Laubuseschbach

12 km

3 Stdn.

Charakteristik - Ein schöner Rundweg im früheren Rohnstädter Bergbaugebiet über den alten Höhenweg Hessenstraße.
Anfahrt - B 456 Weilburg - Bad Homburg, Abfahrt Grävenwiesbach bzw. Weilmünster. - B 8 Königstein - Limburg, Abfahrt Wolfenhausen über die L 3021. - B 275 Taunusstein - Friedberg. - Busverbindungen ab Bahnhof Weilburg.
Parken - P Bürgerhaus und Ev. Kirche, Kirchgasse.

Laubuseschbach - Rohnstadt - Weilmünster - 1 ¾ Stdn. Vom Parkplatz Bürgerhaus/Kirche auf Hauptstraße zurück, rechts hinunter in den Ort, am Gemeindebrunnen (Kreissparkasse) rechts in die Bachstraße, [Liegendes Kreuz]. Nach ca. 20 m links in den Rohnstädter Weg, auf halber Höhe [ohne Markierung] rechts Teerstraße geradeaus, leicht aufwärts. Jetzt führt der Weg immer geradeaus, mal auf Teerstraße, mal auf Feldweg, mit wunderschönem Ausblick über das ganze Tal. Dann durch einen kleinen Wald, vorbei an Rohnstadt. Über Schultheißenstraße abwärts bis Langenbacherstraße rechts. In Nr. 4, dem alten Rats- und Backhaus (erbaut 1927), befindet sich seit 1986 die Rohnstädter Heimatstube. Dort lagert, betreut vom Geschichts- und Heimatverein Rohnstadt e.V., ein reichhaltiger Fundus an Exponaten aus der Heimatgeschichte, die in Sonderausstellungen (z. B. »300 Jahre Münzstätte Weilburg - Nassauische Münzen« oder »500 Jahre Bergbau in Rohnstadt«) gezeigt werden. - ÖZ: Besichtigungen sind nach Absprache möglich. Bei Gruppen und Vereinen besteht nach vorheriger Anfrage die Möglichkeit der Bewirtung mit Kaffee, Kuchen und Getränken. Kontakt: W. Metzler, Tel. 0 64 72/79 21, E-Mail: metzler-rohnstadt@gmx.de. - Weiter entlang der Hessenstraße (alte Fernstraße Hessen - Thüringen), links mit [Liegendem Kreuz]. Am Bergrücken entlang (schöner Fernblick), an der Weggabelung geradeaus und vor dem Marktflecken Weilmünster abwärts zum Kirbergturm, der Teil der alten Ortsbefestigung ist. Hier links abwärts bis zur Straße Am Bleidenbach. - Oder Kirbergstraße rechts abwärts, Bergstraße

Hist. Rathaus Weilmünster

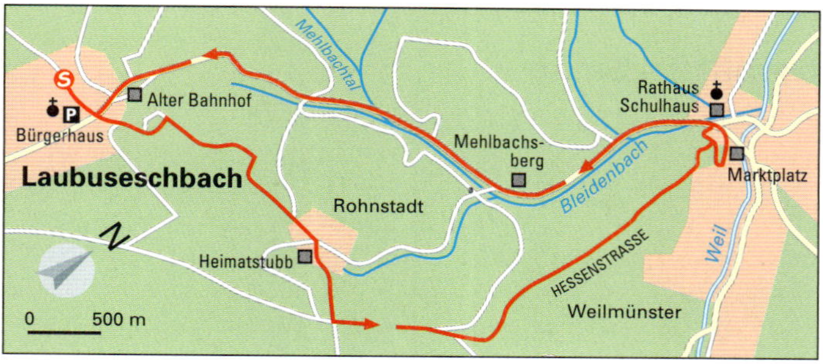

scharf links bis zum Rathausplatz mit Rathaus, altem Schulhaus und Ev. Kirche. Hauptstraße rechts, durch einen Torbogen zum Marktplatz an der Weil.

Weilmünster - Der Marktflecken wurde 1971 Großgemeinde mit 12 Ortsteilen: Laubuseschbach, Wolfenhausen, Aulenhausen, Dietenhausen, Langenbach, Möttau, Ernsthausen, Laimbach, Essershausen, Lützendorf, Rohnstadt, Audenschmiede. In einem der schönsten Seitentäler der Lahn, dem Weiltal gelegen, zählt der Flecken zu den ältesten Orten im Nassauer Land (1217 erstmals urkundlich erwähnt). Dem Wanderer stehen 3.700 ha Wald und ein ausgezeichnetes Wegenetz mit hervorragender Beschilderung zur Verfügung. Sehr schöne Fachwerkhäuser.

Weilmünster - Laubuseschbach - gut 1 ¼ Stdn. - Am Rathaus Straße Am Bleidenbach nach Brechen links aufwärts bis zum Ortsende. Dann auf der alten Eisenbahntrasse (geteerter Fußweg neben der Straße) im Tal des Bleidenbaches vorbei an Rohnstadt. Rechts davon liegen das Mehlbachtal und das Gebiet Stollberg (bis 1905 Silber- und Eisenerzabbau). Geradeaus weiter, nach ca. 500 m Straße überqueren. An der Vereinshalle M.G.V. Harmonie links, auf dem Tannenweg zur Dorfmitte, Laubusstraße zurück zum P Bürgerhaus.

Panorama der Stadt Weilmünster

TOUR
58

Der Weiltalweg

47½ km

560 m

Charakteristik - Der im Jahre 2001 angelegte Freizeitweg eignet sich für Wanderer und Radfahrer gleichermaßen. An der malerischen Weil entlang geht es durch hübsche Orte und zu herrlichen Aussichtspunkten. Der Weiltalweg beginnt am »Roten Kreuz« nahe der Weilquelle, Ziel ist die Lahnmündung bei der Guntersau, ca. 1 km von der Barockstadt Weilburg entfernt. Der Weg ist durchgehend mit dem Schild [Weiltalweg] markiert.
Anfahrt - Das »Rote Kreuz« liegt an der L 3025 Königstein im Taunus - Schmitten. - Vom 1.5. bis 31.10. verkehrt der »Weiltalbus« mit Fahrradanhänger an Sams-, Sonn- und Feiertagen zwischen der Endhaltestelle der U 3 Oberursel-Hohemark und dem Bahnhof in Weilburg (Haltestellen: Oberursel-Hohemark, Arnoldshain Sandplacken, Schmitten Kirche, Altweilnau Erbismühle, Rod an der Weil Schmiedhof, Weilmünster Krankenhaus, Freienfels Weilstraße, Weilburg Guntersau, Weilburg Bahnhof, siehe Übersichtskarte). Die Fahrradmitnahme ist kostenlos, aufgrund der begrenzten Kapazitäten wird für Radwandergruppen ab 3 Personen um Voranmeldung unter Tel. 06081/9147-24 gebeten. Für Personen gelten die Tarife des RMV (Rhein-Main-Verkehrsverbund, www.rmv.de).

Der Weiltalweg - Vom »Roten Kreuz« geht es entlang des Naturschutzgebietes »Reifenberger Wiesen« nach Oberreifenberg (Burgruine Oberreifenberg). Man überquert die L3276 (Siegfriedstraße), bevor der Weg ca. 300 m weiter rechtwinklig links abbiegt und dem Schmittgrund in das Weiltal folgt. Dort überquert man die L 3025 und passiert die Freizeitanlage »Oberes Weiltal« auf dem Weg nach Schmitten (denkmalgeschützte Kirchen in Schmitten, Niederreifenberg und Arnoldshain, Burgruine Hattstein, Großer Feldberg mit Falknerei und Aussichtsturm, Pferdskopf mit Aussichtsturm). In Schmitten führt die Markierung zurück an die Weil, der man nach Dorfweil, Brombach und Hunoldstal folgt. Dort kommt man auf der Anspacher Straße zum Ortsende, überquert die L3025 auf die linke Seite des Weiltals und folgt dieser Straße ein Stück Richtung Treisberg. Nach einem ca. 1 km langen, steilen Anstieg erreicht man das oberhalb der Burg Weilstein gelegene Forsthaus Landstein. Über Serpentinen kommt man in ein Seitental der Weil. Nach der Überquerung des dortigen Niedgesbaches kehrt man zurück ins Weiltal. An der Weil entlang kommt man zur B 275, passiert die Mappesmühle und gelangt zum Ortsrand von Neuweilnau (Schloss). Leicht abwärts verläuft der Weg zur Erbismühle und zur L 3025, die man überquert. Nach einem kurzen Anstieg biegt der Weg links ab. - Alternative: geradeaus über den Aussichtspunkt »Weiltalblick« wieder zurück zum Weiltalweg.

- Ein kurzes, steiles Wegstück führt hinab in das Weiltal und dort weiter nach Rod an der Weil (ältestes bewohntes Pfarrhaus Hessens aus dem 14. Jh.). Am Ortsende geht man links weiter durch Niederrod und erreicht, über eine kleine Brücke am Schwiederweiher vorbei, Emmershausen, das den Wanderer mit seinen verwinkelten Gässchen bezaubert. Über die K 739 kommt man zur Runkelsteiner Mühle. An der engsten Stelle des Weiltales überspannen drei Brücken den Fluss. Über Winden führt der Weg nach Audenschmiede. Teilweise durch Wald und immer in Flussnähe geht es weiter nach Weilmünster (Naherholungsgebiet Möttauer Weiher) und vorbei an der dortigen Kläranlage nach Lützendorf. Auf der ehemaligen Trasse der Weiltalbahn wandert man weiter nach Ernsthausen, wo der Weg kurz durch die Dorfstraße führt, bevor man auf die Bahntrasse zurückkehrt. Größtenteils auf dieser und immer mit der Weiltalweg-Markierung geht es weiter nach Essershausen und Freienfels. Auf dem letzten Wegstück bis zur Mündung in die Lahn bei der Güntersau zeigt sich die Weil noch sehr ursprünglich. An der Mündung ist der Weiltalweg an den Leinpfad an der Lahn angebunden (auch Radfernweg R 7). Ca. 1 km flussaufwärts an der Lahn entlang liegt die barocke Residenzstadt Weilburg, flussabwärts geht es wiederum in Richtung Rhein, in den die Lahn bei Lahnstein mündet.

Weitere Informationen, z. B. auch kostenlose Fahrpläne des Weiltalbusses, sind erhältlich beim Taunus Touristik Service, Ludwig-Erhard-Anlage 1-5, 61352 Bad Homburg v. d. Höhe, Tel: 06172/999-4140, Fax: 06172/999-9807, E-Mail: ti@taunus.info

Bildnachweise: Jochen Reichwein/Taunus Touristik Service (S. 9, 13, 44, 64, 69, 71, 158); Thomas Wolf, Wikimedia Commons, lizenziert unter CreativeCommons-Lizenz by-sa 3.0 (S. 16); Nicolas17, Wikimedia Commons, lizenziert unter CreativeCommons-Lizenz by-sa 2.5 (S. 18); Magistrat der Stadt Hochheim am Main (S. 20, 24); Ckubaseck, Wikimedia Commons, lizenziert unter CreativeCommons-Lizenz by-sa-.3.0 (S. 22); Wolfgang Pfankuch (S. 25); Michael König, Wikimedia Commons, lizenziert unter CreativeCommons-Lizenz by-sa-3.0 (S. 29); Johannes Löw, Wikimedia Commons, lizenziert unter CreativeCommons-Lizenz by-sa-2.5; dontworry, Wikimedia Commons, lizenziert unter CreativeCommons-Lizenz by-sa-2.5 (S. 34, 86); Atelier Grandpierre. Idstein (S. 39); MdE, Wikimedia Commons, lizenziert unter CreativeCommons-Lizenz by-sa-3-0 (S. 46, 95, 159); Johannes Robalotoff, Wikimedia Commons, lizenziert unter CreativeCommons-Lizenz by-sa.2.0 (S. 49); Römerkastell Saalburg (S. 51, 52); Florian Baumann, Wikimedia Commons (S. 53); Michael Adrian, Wikimedia Commons, lizenziert unter CreativeCommons-Lizenz by-sa-3.0 (S. 57); Björn Heumann, Heumann Fotodesign, www.heumann-fotodesign.de/copyright/copyright.html (S. 62, 67); Karsten Ratzke, Wikimedia Commons (S. 63); Volker Gerisch (S. 89); Staatsbad Bad Schwalbach (S. 91); Staatsbad Schlangenbad GmbH (S. 98 o.; Dagmar Rittner (S. 98 u.); Horst Goebel (S. 102); Torsten Krüger (S. 103); Wiesbaden Marketing GmbH (S. 108, 124); Magistrat der Stadt Eltville/Dieter Schenk/Fotoarchiv (S. 115, 116); Christian Hoffmann (S. 121, 122); K.-H. Walter/Rüdesheim Tourist AG (S. 127 o. und u., 128, 129, 130); Claus-Joachim Dickow, Wikimedia Commons, lizenziert unter CreativeCommons-Lizenz by-sa-2.5 (S. 138); Lothar Spurzem, Wikimedia Commons, lizenziert unter CreativeCommons-Lizenz by-sa-2.0 (S. 140); Deutsche Burgenvereinigung (S. 142); Markus Braun, Wikimedia Commons (S. 144); Reinhard Hunscher, Wikimedia Commons, lizenziert unter CreativeCommons-Lizenz by-sa-2.0 (S. 146); Manfred Heyde, Wikimedia Commons, lizenziert unter CreativeCommons-Lizenz by-sa-2.5 (S. 147); Fritz Geller-Grimm, Wikimedia Commons, lizenziert unter CreativeCommons-Lizenz by-sa-3.0

ORTSREGISTER

Register der Gasthöfe, Restaurants, Hotels und Pensionen

EINKEHRORTE
mit Seitenzahlen
nach Bonn
Westerburg
Hadamar
Montabaur
A 3
Schadeck 157
Limburg
Koblenz
Lahn
Diez
Bad Ems
Nassau 153,154
Lahnstein
Schönborn 79
142 Braubach
Burgschwalbach 77
E i n r i c h
Kamp-Bornhofen 139,143
Boppard
83 Rettert
Hohen-
86 Holzhausen
Burg Hohenstein 88
stein
St. Goar
St. Goarshausen
Bad Schwalbach 93
Espenschied 136
Langenseifen 94
Rhein
Kammerburg 134
Wisper
Schlangenbad 97
Wispertal
Lorch
Rheingaugebirge
Stephanshausen 124
Johannisberg 122
Eltville 116,120
Assmannshausen 130
Oestrich-Winkel 123
N
A 61
Rüdesheim 126,129,132
A 60
0
10 km